LA ÚLTIMA GUÍA MAESTRA DE ALBÓNDIGAS

2 EN 1

100 RECETAS SENSACIONALES

EDUARD LEWIS, HECTOR MORGAN

Reservados todos los derechos.

Descargo de responsabilidad

La información contenida i está destinada a servir como una colección completa de estrategias sobre las que el autor de este libro electrónico ha investigado. Los resúmenes, estrategias, consejos y trucos son solo recomendaciones del autor, y la lectura de este libro electrónico no garantiza que los resultados de uno reflejen exactamente los resultados del autor. El autor del eBook ha realizado todos los esfuerzos razonables para proporcionar información actualizada y precisa a los lectores del eBook. El autor y sus asociados no serán responsables de ningún error u omisión no intencional que se pueda encontrar. El material del eBook puede incluir información de terceros. Los materiales de terceros forman parte de las opiniones expresadas por sus propietarios. Como tal, el autor del libro electrónico no asume responsabilidad alguna por el material u opiniones de terceros.

El libro electrónico tiene copyright © 2021 con todos los derechos reservados. Es ilegal redistribuir, copiar o crear trabajos derivados de este libro electrónico en su totalidad o en parte. Ninguna parte de este informe puede ser reproducida o retransmitida de forma reproducida o retransmitida en cualquier forma sin el permiso expreso y firmado por escrito del autor.

TABLA DE CONTENIDO..14

INTRODUCCIÓN.. 18

ALBÓNDIGAS DE TODO EL MUNDO............................ 20

   1. Albóndigas belgas a la brasa en cerveza...............20

   2. Sopa de albóndigas búlgara...................................... 22

   3. Albóndigas marroquíes..24

   4. Albóndigas de cordero persa................................. 26

   5. Albóndigas húngaras..28

   6. Albóndigas occidentales y salchichas....................30

   7. Albóndigas de pollo noruegas................................. 32

   8. Albóndigas coreanas..34

   9. Albóndigas de Manhattan...36

   10. Albóndigas vietnamitas.. 38

   11. Aperitivos de albóndigas suecas........................... 40

   12. Albóndigas a la parrilla galesa................................42

   13. Kofta afgano..44

   14. Albóndigas polinesias..46

15. Albóndigas griegas..48

16. Albóndigas escocesas...50

17. Albóndigas alemanas crujientes............................52

18. Albóndigas hawaianas...54

19. Albóndigas escandinavas..56

20. Albóndigas mexicanas...58

21. Albóndigas noruegas en gelatina de uva..............60

22. Albóndigas tailandesas picantes con fideos......62

23. Albóndigas de país ucraniano "bitki"...................64

24. Espaguetis de albóndigas de pavo.......................66

25. Albóndigas rusas (bitochki)...................................68

26. Albóndigas mediterráneas.....................................70

27. Sopa china de albóndigas y berros......................72

28. Keftedes [albóndigas griegas]..............................74

29. Albóndigas francesas...76

30. Albóndigas de cordero del Medio Oriente.........78

31. Sopa de albóndigas asiática..................................80

32. Sándwich de albóndigas italiano..........................82

33. Kefta egipcia..84

34. Albóndigas europeas en salsa de crema.............86

35. Albóndigas danesas (frikadeller).........................88

36. Albóndigas suecas fáciles......................................90

37. Albóndigas alemanas... 92

38. Guiso de albóndigas de Ghana..............................94

39. Albóndigas de aperitivo del lejano oriente........96

40. Albóndigas indonesias..98

41. Albóndigas libanesas.. 100

42. Albóndigas y pimientos de California................102

43. Albóndigas cantonesas... 104

Albóndigas con palillo de cóctel.................................. 106

44. Albóndigas de cóctel festivo.............................. 106

45. Albóndigas de aperitivo al chipotle................... 108

46. Albóndigas de cóctel de arándanos................... 110

47. Albóndigas de vino...112

48. Chuletas (albóndigas de coctel mexicano)....... 114

49. Albóndigas de fiesta de plato de frotamiento116

50. Albóndigas de cóctel de alce............................... 118

CONCLUSIÓN.. 120

TABLA DE CONTENIDO	124
INTRODUCCIÓN	128
ALBÓNDIGAS CON SANDWICH Y HAMBURGUESA	130
51. Sándwiches de albóndigas calientes	130
52. Sándwiches de albóndigas y berenjenas	132
53. Subs de albóndigas	134
54. Bolas de hamburguesa de jamón con ñame	136
55. Sándwiches de héroe de albóndigas	138
56. Sub vegetariano de "albóndigas"	140
57. Sándwiches de albóndigas y berenjenas	142
58. Bolas de chucrut	144
SOPAS Y GUISOS DE ALBÓNDIGA	146
59. Sopa de albondigas (sopa de albóndigas)	146
60. Sopa de albóndigas de tortilla mexicana	148
61. Sopa de albóndigas al limón	150
62. Sopa de albóndigas	152
63. Sopa de albóndigas de jengibre y berros	154
64. Guiso de albóndigas italiano	156

65. Sopa de albóndigas de venado.................158

66. Sopa de albóndigas búlgara....................160

67. Sopa de escarola con albóndigas............162

ENSALADA DE ALBÓNDIGO........................164

68. Albóndigas danesas con ensalada de pepino....164

69. Ensalada de albóndigas oriental..............166

70. Albóndigas de chile tex-mex..................168

71. Bolas de ensalada de pollo...................170

ALBÓNDIGAS ENVUELTAS Y RELLENAS............172

72. Albóndigas envueltas en tocino...............172

73. Pavo y relleno de albóndigas.................174

74. Albóndigas rellenas de queso.................176

75. Albóndigas rellenas de aceitunas.............178

76. Albóndigas rellenas mediterráneas............180

PASTA Y ALBÓNDIGAS....................................182

77. Cazuela de espaguetis y albóndigas..........182

78. Espaguetis con albóndigas vegetarianas.....184

79. Rigatoni y albóndigas al horno..............186

80. Penne al horno con albóndigas de pavo............ 188

81. Albóndigas y pasta picante con queso............... 190

82. Albóndigas y macarrones de atajo.................... 192

83. Albóndigas y salsa de espagueti........................194

84. Albóndigas en salsa picante............................... 196

85. Albóndigas con fideos en yogur........................198

86. Stracciatelle con albóndigas..............................200

87. Buñuelos de mozzarella y espaguetis................202

88. Sopa de albóndigas y ravioles............................204

89. Linguini con rape... 206

ALBÓNDIGAS VEGANAS...208

90. Bolas de tofu.. 208

91. Pasta vegana de albóndigas en una olla............. 210

92. Albóndigas veganas al horno.............................. 212

93. Albóndigas sin carne.. 214

94. Albóndigas Vegetarianas.................................... 216

95. Albóndigas De Orégano Y Limón....................... 218

96. Albóndigas De Lentejas...................................... 220

97. Imitación Ikea Veggie Balls............................... 222

98. Albóndigas De Quinua...224

99. Albóndigas De Garbanzos picantes.................... 226

100. Albóndigas Veganas De Hongos....................... 228

CONCLUSIÓN.. 230

EL LIBRO DE COCINA DEFINITIVO PARA ALBÓNDIGAS

50 RECETAS EMOCIONANTES PARA HACER EN CASA

EDUARD LEWIS

Reservados todos los derechos.

Descargo de responsabilidad

La información contenida i está destinada a servir como una colección completa de estrategias sobre las que el autor de este libro electrónico ha investigado. Los resúmenes, estrategias, consejos y trucos son solo recomendaciones del autor, y la lectura de este libro electrónico no garantiza que los resultados de uno reflejen exactamente los resultados del autor. El autor del eBook ha realizado todos los esfuerzos razonables para proporcionar información actualizada y precisa a los lectores del eBook. El autor y sus asociados no serán responsables de ningún error u omisión no intencional que se pueda encontrar. El material del eBook puede incluir información de terceros. Los materiales de terceros forman parte de las opiniones expresadas por sus propietarios. Como tal, el autor del libro electrónico no asume responsabilidad alguna por el material u opiniones de terceros.

El libro electrónico tiene copyright © 2021 con todos los derechos reservados. Es ilegal redistribuir, copiar o crear trabajos derivados de este libro electrónico en su totalidad o en parte. Ninguna parte de este informe puede ser reproducida o retransmitida de forma reproducida o retransmitida en cualquier forma sin el permiso expreso y firmado por escrito del autor.

TABLA DE CONTENIDO

TABLA DE CONTENIDO..14

INTRODUCCIÓN..18

ALBÓNDIGAS DE TODO EL MUNDO................................20

    1. Albóndigas belgas a la brasa en cerveza...............20

    2. Sopa de albóndigas búlgara....................................22

    3. Albóndigas marroquíes..24

    4. Albóndigas de cordero persa.................................26

    5. Albóndigas húngaras...28

    6. Albóndigas occidentales y salchichas..................30

    7. Albóndigas de pollo noruegas................................32

    8. Albóndigas coreanas...34

    9. Albóndigas de Manhattan.......................................36

    10. Albóndigas vietnamitas..38

    11. Aperitivos de albóndigas suecas........................40

    12. Albóndigas a la parrilla galesa............................42

    13. Kofta afgano...44

    14. Albóndigas polinesias...46

15. Albóndigas griegas..48

16. Albóndigas escocesas...50

17. Albóndigas alemanas crujientes............................52

18. Albóndigas hawaianas..54

19. Albóndigas escandinavas....................................... 56

20. Albóndigas mexicanas..58

21. Albóndigas noruegas en gelatina de uva..............60

22. Albóndigas tailandesas picantes con fideos....... 62

23. Albóndigas de país ucraniano "bitki"...................64

24. Espaguetis de albóndigas de pavo........................66

25. Albóndigas rusas (bitochki)...................................68

26. Albóndigas mediterráneas....................................70

27. Sopa china de albóndigas y berros......................72

28. Keftedes [albóndigas griegas]..............................74

29. Albóndigas francesas... 76

30. Albóndigas de cordero del Medio Oriente......... 78

31. Sopa de albóndigas asiática..................................80

32. Sándwich de albóndigas italiano..........................82

33. Kefta egipcia..84

34. Albóndigas europeas en salsa de crema.............86

35. Albóndigas danesas (frikadeller).......................88

36. Albóndigas suecas fáciles...................................90

37. Albóndigas alemanas.. 92

38. Guiso de albóndigas de Ghana............................94

39. Albóndigas de aperitivo del lejano oriente........96

40. Albóndigas indonesias..98

41. Albóndigas libanesas... 100

42. Albóndigas y pimientos de California................102

43. Albóndigas cantonesas...................................... 104

Albóndigas con palillo de cóctel................................ 106

44. Albóndigas de cóctel festivo............................ 106

45. Albóndigas de aperitivo al chipotle................... 108

46. Albóndigas de cóctel de arándanos................... 110

47. Albóndigas de vino..112

48. Chuletas (albóndigas de coctel mexicano)....... 114

49. Albóndigas de fiesta de plato de frotamiento116

50. Albóndigas de cóctel de alce............................... 118

CONCLUSIÓN.. 120

INTRODUCCIÓN

Una albóndiga es un alimento que se define a sí mismo: es literalmente una bola de carne. Pero antes de que empieces a colocar trozos de carne molida en una sartén y a llamar "albóndigas" a tu triste cena, demos un paso atrás.

Aprenda a hacer albóndigas fáciles usted mismo en casa y cocínelas para que estén perfectamente doradas por fuera pero aún jugosas en el medio. Aquí hay algunos trucos y consejos para unas albóndigas perfectas:

La carne molida

Puede utilizar cualquier carne picada o mezcla de carne picada que desee. El favorito de los fanáticos es una mezcla de carne molida de res y cerdo. El cordero molido, el pavo, el pollo, la ternera o el búfalo también son un juego limpio.

Aglutinante de pan rallado y leche

Un truco para asegurarse de que las albóndigas estén totalmente tiernas una vez cocidas es usar una carpeta. Este aglutinante ayuda a agregar humedad a las albóndigas y también evita que las proteínas de la carne se encojan y se endurezcan.

Evite trabajar demasiado la carne

Otro truco para ablandar las albóndigas es no trabajar demasiado la carne: mezcle la carne con el aglutinante y otros ingredientes hasta que estén combinados.

Asar o hervir a fuego lento las albóndigas

Tienes dos opciones: asarlos o hervirlos a fuego lento en una salsa. Asar es la mejor opción si planea servir las albóndigas en algo que no sea una salsa o si planea congelar las albóndigas para más tarde. El asado también le da un poco más de sabor a las albóndigas ya que el exterior se quema con el calor del horno.

Si planea servir las albóndigas con salsa, también puede cocinar las albóndigas junto con la salsa. Esta suave cocción a fuego lento no solo hace algunas de las albóndigas más tiernas y sabrosas que jamás hayas probado, sino que la salsa también se vuelve más rica y sabrosa en el proceso.

ALBÓNDIGAS DE TODO EL MUNDO

1. Albóndigas belgas a la brasa en cerveza

Ingrediente

- 1 taza de migas de pan blanco fresco
- ¼ taza de leche
- 1 libra   Carne molida, magra
- ½ libra de carne de cerdo o ternera molida
- 1 huevo grande

- Verduras y especias
- Aceite de cocina
- 2 cucharadas de perejil fresco; adornar

a) Para preparar albóndigas, remoje el pan rallado en leche hasta que esté completamente humedecido; exprimir seco con las manos.

b) Combine el pan rallado, la carne molida, los huevos, las chalotas, el perejil, la sal, la pimienta y la nuez moscada en un tazón mediano.

c) Forme la mezcla en 6 a 8 bolas o empanadas (de 2 pulgadas de diámetro y $\frac{1}{2}$ pulgada de grosor); espolvorear con 2 cucharadas de harina.

d) Caliente la mantequilla y el aceite en una olla profunda y pesada, hasta que estén calientes pero sin humear, a fuego alto. Agrega las albóndigas; cocine hasta que se dore por todos lados, aproximadamente 5 minutos, asegurándose de que la mantequilla no se queme. Retire las albóndigas a un plato; mantener caliente.

2. Sopa de albóndigas búlgara

Rendimiento: 8 porciones

Ingrediente

- 1 libra   Carne molida
- 6 cucharadas de arroz
- 1 cucharadita de pimentón
- 1 cucharadita de ajedrea seca
- Sal pimienta
- Harina
- 6 tazas de agua

- 2 Cubitos de caldo de res
- ½ Manojo de cebollas verdes; rebanado
- 1 Pimiento verde; Cortado
- 2 Zanahorias; pelado, cortado en rodajas finas
- 3 Tomates; pelado y picado
- 1 Sm. chiles amarillos, partidos
- ½ Manojo de perejil; picado
- 1 Huevo
- 1 Limón (solo jugo)

a) Combine carne, arroz, pimentón y ajedrea. Sazone al gusto con sal y pimienta. Mezclar ligeramente pero a fondo. Forme bolas de 1 pulgada.

b) Combine agua, cubos de caldo, 1 cucharada de sal, 1 cucharadita de pimienta, cebollas verdes, pimiento verde, zanahorias y tomates en una olla grande.

c) Tape, deje hervir, reduzca el fuego y cocine a fuego lento durante 30 minutos.

3. Albóndigas marroquíes

Ingrediente

- 1 libra   Carne molida de res o cordero
- 1 cucharadita de sal, ¼ de cucharadita de pimienta
- 2 cucharadas de cebollas secas
- 1½ taza de agua o tomates guisados
- 3 cucharadas de mantequilla dulce
- ½ taza de cebollas secas y trituradas
- ¾ cucharadita de jengibre, ¼ de cucharadita de pimienta
- ¼ de cucharadita de cúrcuma, 1 pizca de azafrán
- 1 cucharada de perejil picado

- Comino, 2 cucharaditas de pimentón
- pimentón
- ¼ de cucharadita de comino
- 1 cucharadita de pimentón
- ½ taza de perejil picado
- 1 Jugo de limon

a) Mezcle todos los ingredientes para la carne. Amasar bien y formar bolas de 1 ".
b) SALSA: Coloque todos los ingredientes en una sartén excepto el limón. Agregue 1½ taza de agua y deje hervir.
c) Reduzca la tapa y cocine a fuego lento durante 15 minutos. Agregue las albóndigas y cocine a fuego lento durante 30 minutos. Agregue jugo de limón y sirva de inmediato en un plato caliente con mucho pan marroquí.

4. Albóndigas de cordero persa

Rendimiento: 7 porciones

Ingrediente

- ¾ taza de trigo búlgaro, finamente molido
- 2 tazas de agua hirviendo
- 2 libras   Carne de estofado de cordero, molida fina
- ½ taza de cebolla amarilla finamente picada
- ½ taza de piñones
- 3 cucharadas de aceite de oliva
- 2 Huevos batidos

- 1 cucharadita de cilantro molido
- 2 cucharaditas de comino molido
- 3 cucharadas de jugo de limón
- 2 cucharadas de eneldo fresco molido
- 1 cucharada de menta fresca picada
- ½ cucharadita de sal
- Pimienta molida al gusto

a) En un tazón pequeño, deje que el bulgar se remoje en el agua hirviendo durante ½ hora. Escurrir bien.

b) En un tazón grande combine los ingredientes de las albóndigas, incluido el bulgar escurrido, y mezcle muy bien.

c) Forme bolas de 1 ½ pulgada y colóquelas en una bandeja para hornear.

d) Hornee por 20 minutos en un horno precalentado a 3750F, o hasta que esté bien cocido.

5. Albóndigas húngaras

Ingrediente

- Receta de albóndigas básicas
- 1 cucharada de aceite vegetal
- 2 Cebollas; En rodajas finas
- ¾ taza de agua
- ¾ taza de vino tinto; Seco
- 1 cucharadita de semillas de alcaravea

- 2 cucharaditas de pimentón
- ½ cucharadita de hojas de mejorana
- ½ cucharadita de sal
- ¼ de taza de agua
- 2 cucharadas de harina; Sin blanquear

a) Calentar el aceite en una sartén grande. Agregue las cebollas y cocine y revuelva hasta que estén tiernas. Agrega las albóndigas cocidas, ¾ de taza de agua, el vino, la alcaravea, el pimentón, las hojas de mejorana y la sal.

b) Calentar hasta que hierva, luego reducir el fuego y tapar. Cocine a fuego lento durante unos 30 minutos, revolviendo ocasionalmente. Mezcle ¼ de taza de agua y la harina, revuelva con la mezcla de salsa. Caliente hasta que hierva, revolviendo con cuidado. Hervir y revolver durante 1 minuto.

6. Albóndigas occidentales y salchichas

Ingrediente

- 1 libra   Carne molida
- 1   Huevo, ligeramente batido
- ¼ taza de migas de pan, secas
- 1 cebolla mediana rallada
- 1 cucharada de sal
- ¾ taza de salsa de chile
- ¼ taza de gelatina de uva
- 2 cucharadas de jugo de limón
- 1 taza de salchichas

a) Combine la carne, el huevo, las migas, la cebolla y la sal. Forme bolitas. Combine con la salsa de chile, la gelatina de uva, el jugo de limón y el agua en una sartén grande.

b) Calor; agregue las albóndigas y cocine a fuego lento hasta que la carne se cocine por completo.

c) Justo antes de servir, agregue las salchichas y caliente.

7. Albóndigas de pollo noruegas

Ingrediente

- 1 libra   Pollo picado
- 4½ cucharadita de maicena; dividido
- 1 huevo grande
- 2¼ taza de caldo de pollo; dividido
- ¼ de cucharadita de sal
- ½ cucharadita de cáscara de limón recién rallada
- 2 cucharadas de eneldo fresco picado; dividido

- 4 onzas   Queso Gjetost; cortar en dados de 1/4 de pulgada

- 4 tazas de fideos de huevo cocidos calientes

a) Batir el huevo; agregue $\frac{1}{4}$ de taza de caldo escaso y $1\frac{1}{4}$ de cucharadita de maicena. Revuelva hasta que quede suave. Agregue la cáscara de limón y 1 cucharada de eneldo fresco. Agregue el pollo molido a esta mezcla.

b) Lleve dos tazas de caldo a hervir a fuego lento en una sartén de 10 o 12 pulgadas.

c) Vierta suavemente cucharadas de la mezcla de pollo en el caldo hirviendo.

d) Prepare la salsa: mezcle 1 cucharada de maicena restante en 2 cucharadas de agua fría. Agregue el caldo a fuego lento y cocine unos minutos hasta que espese un poco. Agregue el queso cortado en cubitos y revuelva constantemente hasta que el queso se derrita.

e) Mientras se cocina el pollo, prepare los fideos y manténgalos calientes.

f) Regrese las bolas de pollo a la salsa.

8. Albóndigas coreanas

Ingrediente

- 1 libra   Jabalí de tierra
- 2 cucharadas de salsa de soja
- 1 pizca de pimienta
- 1   Diente de ajo; picado
- 1   Cebolla verde; Cortado
- 1 cucharada de ajonjolí tostado
- ½ taza de harina
- 1   Huevo; batido con 1 cucharada. agua

- 2 cucharadas de aceite de ensalada
- 4 cucharadas de salsa de soja
- 4 cucharadas de vinagre
- 2 cucharaditas de miel o azúcar morena bien compacta
- 1 pizca de condimento de pimiento picante líquido
- 2 cucharaditas de semillas de sésamo tostadas o cebolla verde finamente picada

a) En un tazón combine el jabalí molido, la salsa de soja, la pimienta, el ajo, la cebolla verde y las semillas de sésamo. Forma bolas con la carne.

b) Drene cada uno en harina, sumérjalo en la mezcla de huevo y nuevamente en harina. Caliente el aceite en una sartén pesada a fuego medio. Cocine bien. Sirva con salsa para mojar.

9. Albóndigas de Manhattan

Ingrediente

- 2 libras   Carne de res molida
- 2 tazas de pan rallado blando
- ½ taza de cebolla picada
- 2   Huevos
- 2 cucharadas de perejil fresco picado
- 1 cucharadita de sal
- 2 cucharadas de margarina Parkay
- 1   Frasco; (10 oz) de conservas de albaricoque Kraft

- ½ taza de salsa barbacoa kraft

a) Mezcle la carne, las migas, la cebolla, los huevos, el perejil y la sal. Forme albóndigas de 1 pulgada.

b) Caliente el horno a 350 grados. Dore las albóndigas en margarina en una sartén grande a fuego medio; drenar. Coloque en una fuente para hornear de 13 x 9 pulgadas.

c) Mezcle las conservas y la salsa barbacoa; vierta sobre las albóndigas. Hornea durante 30 min., Revolviendo de vez en cuando.

10. Albóndigas vietnamitas

Ingrediente

- 1½ libras de carne molida magra
- 1   Diente de ajo, triturado
- 1   Clara de huevo
- 1 cucharada de jerez
- 2 cucharadas de salsa de soja
- ½ cucharadita de humo líquido
- 2 cucharadas de salsa de pescado
- 1 pizca de azúcar

- 1 Sal y pimienta blanca
- 2 cucharadas de almidón de maíz
- 1 cucharada de aceite de sésamo

a) Licue la mezcla con una batidora o un procesador de alimentos hasta que quede muy suave.

b) Moldea las albóndigas pequeñas en una brocheta (unas seis albóndigas por brocheta).

c) Ase a la perfección.

11. Aperitivos de albóndigas suecas

Ingrediente

- 2 cucharadas de aceite de cocina
- 1 libra   Carne molida
- 1 huevo
- 1 taza de pan rallado blando
- 1 cucharadita de azúcar morena
- ½ cucharadita de sal

- ¼ de cucharadita de pimienta
- ¼ de cucharadita de jengibre
- ¼ de cucharadita de clavo molido
- ¼ de cucharadita de nuez moscada
- ¼ de cucharadita de canela
- ⅔ taza de leche
- 1 taza de crema agria
- ½ cucharadita de sal

a) Caliente el aceite de cocina en una sartén. Mezcle todos los ingredientes restantes, excepto la crema agria y ½ cucharadita. sal.

b) Forme albóndigas del tamaño de un aperitivo (de aproximadamente 1 "de diámetro). Dore en aceite de cocina por todos lados hasta que esté completamente cocido.

c) Retirar de la sartén y escurrir sobre toallas de papel. Elimine el exceso de grasa y enfríe un poco la sartén. Agregue una pequeña cantidad de crema agria para batir los dorados y revuelva. Luego agregue la crema agria restante y ½ cucharadita. sal, revolviendo para mezclar.

12. Albóndigas a la parrilla galesa

Ingrediente

- 1 libra   Hígado de res / cerdo
- 2 libras   Carne de cerdo molida magra
- 4 onzas   (1/2 taza) de pan rallado
- 2   Cebolla grande finamente picada
- 2 cucharaditas de salvia
- 2 cucharaditas de tomillo
- 2 cucharaditas de perejil seco

- 1 pizca de nuez moscada
- Sal y pimienta para probar
- 3 onzas   Sebo
- Harina para espolvorear

a) Picar finamente el hígado (más fácil de hacer si está congelado) y enjuagar con agua.

b) Agrega la carne de cerdo molida, el pan rallado, la cebolla, la salvia, el tomillo, el perejil, la nuez moscada y la sal y pimienta. Poner un poco de harina en el fondo de un plato, agregar sebo y cubrir ligeramente.

c) Forme bolas más grandes que una albóndiga pero más pequeñas que una pelota de tenis. Use un aerosol antiadherente para cocinar para engrasar una fuente para horno rociada de 30 centímetros cuadrados. Coloque las albóndigas en un plato y cúbralas con papel de aluminio. Hornee en un horno precalentado a 400 grados durante 40 minutos.

d) Retire el papel de aluminio y escurra la grasa. Espesar la grasa con harina o maicena para hacer una salsa, agregar espesante aproximadamente 1 cucharadita a la vez para obtener la consistencia deseada y verter un poco de la salsa alrededor de la carne. Pon albóndigas, a la romana

13. Kofta afgano

Ingrediente

- 1 cebolla finamente picada
- 1 pimiento verde finamente picado
- 1 libra de carne molida
- 1 cucharadita de diente de ajo finamente picado
- ½ cucharadita de semillas de cilantro molidas
- Sal y pimienta para probar

a) Amasar la carne, la cebolla, el pimiento, el ajo y la sal y la pimienta.

b) Deje reposar 30 minutos para mezclar los sabores. Forme 16 bolas ovaladas.

c) Ensarte 4 brochetas alternando con un cuarto de cebolla, un cuarto de pimiento verde y un tomate cherry en cada brocheta. Ase unos 5 minutos hasta que se doren, voltee y ase por el otro lado.

14. Albóndigas polinesias

Ingrediente

- 1 Huevo batido
- ¼ de taza Pan rallado fino y seco
- 2 cucharadas de cilantro fresco, cortado
- 2 Dientes de ajo picados
- ⅛ cucharadita de pimiento rojo molido
- ¼ de cucharadita de sal

- 1 libra   Carne de res molida
- ¼ taza de maní, finamente picado
- Juncos de piña fresca o 1
- 20oz lata trozos de piña, escurridos
- 1¼ taza de salsa agridulce

a) En un tazón mediano, combine el huevo, el pan rallado, el cilantro, el ajo, el pimiento rojo y la sal. Agregue los cacahuetes y la carne. Mezclar bien.

b) Forme albóndigas de 1". Coloque en una fuente para hornear poco profunda y hornee por 20 minutos a 350 o hasta que ya no esté rosado.

c) Retirar del horno y escurrir. (Para preparar con anticipación, enfríe las albóndigas y luego enfríe hasta por 48 horas). Coloque una albóndiga y un trozo de piña en la brocheta y vuelva a colocarla en la fuente para hornear.

15. Albóndigas griegas

Ingrediente

- 1 libra   Hamburguesa
- 4 rebanadas de pan humedecido
- 1 cebolla pequeña picada o rallada
- ½ cucharadita de orégano
- 1 huevo batido Sal y pimienta al gusto

a) Mezcle todos los ingredientes. Formar bolas pequeñas y enrollar en harina hasta que estén completamente cubiertas. Freír en una sartén que contenga $\frac{1}{8}$ de pulgada de aceite vegetal.

b) Cocine por un lado y luego dé la vuelta. Agregue aceite según sea necesario. Caliente el aceite a fuego medio. Debe hacer aproximadamente 20 albóndigas.

16. Albóndigas escocesas

Ingrediente

- 1 libra   Carne de res molida
- 1 huevo, ligeramente batido
- 3 cucharadas de harina
- ¼ de cucharadita de pimienta negra recién molida
- 3 cucharadas de cebolla picada

- 3 cucharadas de aceite vegetal
- ⅓ taza de caldo de pollo
- 1 Lata de 8 onzas de piña triturada, escurrida
- 1½ cucharada de maicena
- 3 cucharadas de salsa de soja
- 3 cucharadas de vinagre de vino tinto natural
- 2 cucharadas de agua
- ¼ de taza de whisky escocés
- ⅓ taza de caldo de pollo
- ½ taza de pimiento verde cortado en cubitos

a) Combine los primeros seis ingredientes. Suavemente forme bolas de aproximadamente 1 pulgada de diámetro.

b) Dore todo en aceite en una sartén de 10 pulgadas.

c) Mientras tanto, prepare la siguiente salsa escocesa.

d) Agrega las albóndigas y el pimiento verde. Cocine a fuego lento unos 10 minutos más. Sirve con arroz.

17. Albóndigas alemanas crujientes

Ingrediente

- ½ libra de salchicha de cerdo molida
- ¼ de taza de cebolla picada
- 1 lata 16 Oz chucrut, escurrir y picado
- 2 cucharadas de pan rallado, seco y fino
- 1 paquete de queso crema, ablandar
- 2 cucharadas de perejil
- 1 cucharadita de mostaza preparada
- ¼ de cucharadita de sal de ajo

- ⅛ cucharadita de pimienta
- 1 taza de mayonesa
- ¼ taza de mostaza preparada
- 2 huevos
- ¼ taza de leche
- ½ taza de harina
- 1 taza de pan rallado, fino
- Veg. petróleo

a) Combine la salchicha y la cebolla en una sartén y pan rallado.

b) Combine el queso y los siguientes 4 ingredientes en un tazón; agregue la mezcla de salchicha, revolviendo bien.

c) Forme bolitas de ¾ "con la mezcla de salchicha; enrolle la harina. Sumerja cada bola en la mezcla de huevo reservada; enrolle las bolitas en pan rallado.

d) Vierta el aceite a una profundidad de 2 "en el horno; caliente a 375 grados. Freír hasta que se doren.

18. Albóndigas hawaianas

Ingrediente

- 2 libras   Carne molida
- ⅔ taza de migas de galletas Graham
- ⅓ taza de cebolla picada
- ¼ de cucharadita de jengibre
- 1 cucharadita de sal
- 1 huevo
- ¼ taza de leche
- 2 cucharadas de maicena
- ½ taza de azúcar morena

- ⅓ taza de vinagre
- 1 cucharada de salsa de soja
- ⅓ taza de pimiento verde picado
- Lata de 13½ onzas de piña triturada

a) Mezcle la carne molida, las migas de galleta, la cebolla, el jengibre, la sal, el huevo y la leche y forme bolas de 1 pulgada. Dorar y colocar en una fuente para horno.

b) Mezcle la maicena, el azúcar morena, el vinagre, la salsa de soja y el pimiento verde. Cocine a fuego medio hasta que espese. Agregue piña triturada más jugo.

c) Calentar y verter sobre las albóndigas. Calentar bien y servir.

19. Albóndigas escandinavas

Ingrediente

- Mezcla básica de albóndigas
- $\frac{1}{8}$ cucharadita de cardamomo; suelo
- 1 cucharada de aceite vegetal
- $1\frac{1}{4}$ taza de caldo de res listo para servir
- $\frac{1}{4}$ de cucharadita de eneldo
- 1 cucharada de maicena
- 2 cucharadas de vino blanco seco
- 2 tazas de fideos; cocido

a) Combine los ingredientes de la mezcla básica de albóndigas con cardamomo, mezclando de manera ligera pero completa. Forme 12 albóndigas con la mezcla.

b) Dore las albóndigas en aceite caliente en una sartén grande a fuego medio. Vierta las gotas. Agregue el caldo de res y el eneldo a las albóndigas en la sartén, revolviendo para combinar.

c) Llevar a hervir; reducir el calor. Cubra bien y cocine a fuego lento durante 20 minutos. Disuelva la maicena en vino blanco. Agregue a la sartén y continúe cocinando hasta que espese, revolviendo constantemente.

20. Albóndigas mexicanas

Ingrediente

- 500 gramos de carne picada; (1 libra)
- 500 gramos Carne de cerdo picada; (1 libra)
- 2 Dientes de ajo; aplastada
- 50 gramos   Pan rallado blanco fresco; (2 onzas)
- 1 cucharada de perejil recién picado

- 1 huevo
- Sal y pimienta negra recién molida
- 2 cucharadas de aceite
- 1 tarro de salsa de taco de 275 gramos
- 50 gramos   Queso cheddar; rallado (2 oz)

a) Mezclar la carne y el ajo, el pan rallado, el perejil, el huevo y el condimento y formar 16 bolitas.

b) Calentar el aceite en una sartén y freír las albóndigas en tandas para que se doren por todas partes.

c) Transfiera a una fuente para horno y vierta sobre la salsa de taco. Tape y cocine en un horno precalentado a 180 C, 350 F, Gas Mark 4 durante 30 minutos.

d) Espolvorear sobre el queso rallado y volver a colocar en el horno sin tapar y seguir cocinando durante 30 minutos más.

21. Albóndigas noruegas en gelatina de uva

Ingrediente

- 1 taza de pan rallado; suave
- 1 taza de leche
- 2 libras   Carne molida
- ¾ libras Carne de cerdo molida; inclinarse
- ½ taza de cebolla; picado muy fino
- 2 huevos; vencido
- 2 cucharaditas de sal
- 1 cucharadita de pimienta

- ½ cucharadita de nuez moscada
- ½ cucharadita de pimienta de Jamaica
- ½ cucharadita de cardamomo
- ¼ de cucharadita de jengibre
- 2 cucharadas de grasa de tocino; o aceite de ensalada
- 8 onzas   Mermelada de uva

a) Remoje el pan rallado en leche durante una hora. Combine la carne molida de res, el cerdo y la cebolla. Agregue los huevos, la leche, la mezcla de pan rallado. Agregue sal, pimienta y especias.

b) Mezclar bien y batir con un tenedor. Enfríe de una a dos horas. Forme bolas pequeñas, enrolle en harina y dore en la grasa de tocino o aceite. Agite la sartén o una sartén pesada para enrollar las albóndigas en grasa caliente.

c) Coloque en una olla de barro con 1 frasco grande de jalea de uva y cocine a LENTO durante una hora.

22. Albóndigas tailandesas picantes con fideos

Ingrediente

- 1 libra   Carne de cerdo molida
- 1 huevo grande
- ½ taza de maní tostado en seco, finamente picado
- ¼ taza de cilantro o perejil fresco picado
- ¾ cucharadita de sal
- 1   3 3/4 oz paquete de fideos de celofán
- ½ taza de mantequilla de maní en trozos
- 1 cucharada de piel de limón rallada

- ¼ de cucharadita de pimienta de cayena roja molida
- 1 pepino pequeño, en rodajas
- 1 zanahoria pequeña, pelada y en rodajas finas o cortada en palitos finos
- Aceite vegetal Ramitas de cilantro o perejil fresco,

a) Combine la carne de cerdo, el huevo, el maní molido, el cilantro picado y la sal.

b) Forme bolas de 1 "con la mezcla. En una sartén de 12" a fuego medio-alto, caliente 2 cucharadas de aceite; agregue las albóndigas. Cocine unos 12 minutos, volteando con frecuencia hasta que estén bien dorados por todos lados.

c) Mientras tanto, agregue los fideos.

d) Cuando las albóndigas estén cocidas, agregue la mantequilla de maní, la cáscara de limón rallada y el pimiento rojo molido.

23. Albóndigas de país ucraniano "bitki"

Ingrediente

- 1½ libras de champiñones frescos o
- ¼ de libra de hongos secos
- 2 libras   Chuck de ternera deshuesado molido
- 3 cada una   Cebollas grandes picadas finas
- ½ taza de mantequilla o margeraine
- 1 diente de ajo de cada uno picado

- 1 taza de harina
- 2 cucharadas de pan rallado

a) Mezclar la ⅓ de las cebollas, la carne, el pan rallado, la sal y la pimienta y el ajo. Formar bolas de esta mezcla aprox. 2 " de diámetro. Aplanar estas bolas y dragar en harina y dorar ambos lados en mantequilla.

b) Remoje los champiñones en agua fría si usa champiñones secos. Hervir durante 30 minutos luego escurrir y reservar el caldo. Dore la mezcla de cebolla y champiñones en mantequilla.

c) Coloque las cebollas picadas restantes como una capa en una olla grande, coloque la mitad de la mezcla de cebolla y champiñones cocidos sobre esta capa de cebolla picada cruda.

d) Coloque el bitki encima de esta capa y luego cúbralo con la mezcla restante de cebolla y champiñones.

24. Espaguetis de albóndigas de pavo

Ingrediente

- ¾ libras de pechuga de pavo molida sin piel o pavo molido
- ¼ taza de zanahoria rallada
- ¼ de taza de cebolla picada
- ¼ de taza de pan rallado seco
- 1 cucharada de albahaca fresca picada O 1 cucharadita de hojas de albahaca secas
- 2 cucharadas de leche desnatada

- ½ cucharadita de sal; Si es deseado
- ¼ de cucharadita de pimienta
- 1 diente de ajo; aplastada
- 3 tazas de salsa de espagueti preparada
- 2 tazas de espagueti cocido caliente o calabaza espagueti
- Queso parmesano rallado; Si es deseado

a) En un tazón mediano, combine el pavo molido, la zanahoria, la cebolla, el pan rallado, la albahaca, la leche, la sal, la pimienta y el ajo; mezclar bien. Forme bolas de 1 pulgada con la mezcla de pavo.

b) En una cacerola grande, combine las albóndigas y la salsa. Cubrir; cocine a fuego medio durante 10 a 15 minutos hasta que las albóndigas ya no estén rosadas en el centro, revolviendo ocasionalmente.

c) Sirva con espaguetis cocidos o calabaza espagueti. Cubra con queso parmesano.

25. Albóndigas rusas (bitochki)

Ingrediente

- 1 libra   Carne molida
- 1 libra   Ternera molida
- ½ taza de cebolla picada
- ¼ de taza Grasa renal extraída
- 2 rebanadas partidas, remojadas en leche, exprimidas hasta secar
- 2 cucharaditas de sal
- Pimienta molida

- Pan rallado fino
- Mantequilla o grasa de res
- 2 tazas de crema agria
- ½ libra de champiñones en rodajas, salteados

a) Cocine la cebolla en grasa de riñón extraída hasta que se ablande. Mezclar la carne, la ternera, la cebolla, el pan, la sal y un poco de pimienta. Amasar bien y enfriar.

b) Mójese las manos y forme con la mezcla bolas del tamaño de bolas de oro. Enrolle las migajas y fríalas en mantequilla o grasa de res hasta que se doren por completo. Retirar y mantener caliente.

c) Agregue la crema agria y los champiñones a la sartén. Calor. Vierta la salsa sobre la carne.

26. Albóndigas mediterráneas

Ingrediente

- 1 libra   Carne molida, desmenuzada
- 3 cucharadas de pan rallado seco sin condimentar
- 1 huevo grande
- 1 cucharadita de hojuelas de perejil seco
- 2 cucharadas de margarina
- ¼ de cucharadita de ajo en polvo
- ½ cucharadita de hojas de menta secas, trituradas

- ¼ de cucharadita de hojas de romero secas, trituradas
- ¼ de cucharadita de pimienta
- 1 cucharadita de hojuelas de perejil seco

a) Combine todos los ingredientes de las albóndigas en un tazón mediano. Forme 12 albóndigas con la mezcla.

b) Coloque la margarina, el ajo en polvo y el perejil en una taza.

c) Cocine en el microondas a temperatura alta durante 45 segundos a 1 minuto, o hasta que la mantequilla se derrita.

d) Sumerja las albóndigas en la mezcla de margarina para cubrirlas y colóquelas en una rejilla para asar.

e) Cocine en el microondas a temperatura alta durante 15 a 18 minutos, o hasta que las albóndigas estén firmes y ya no estén rosadas en el centro, girando la rejilla y reorganizando las albóndigas dos veces durante el tiempo de cocción. Si lo desea, sírvalo con arroz cocido caliente o cuscús.

27. Sopa china de albóndigas y berros

Ingrediente

- 8 onzas   Castañas de agua
- 1 libra   Carne de cerdo magra finamente molida
- $4\frac{1}{2}$ cucharadita de jengibre fresco pelado y picado
- Pimienta blanca molida, al gusto
- $1\frac{1}{2}$ cucharadita de salsa de soja
- $2\frac{1}{8}$ cucharadita de maicena
- Sal al gusto

SOPA:

- 5 tazas de caldo de verduras
- 5 tazas de caldo de pollo
- Sal
- Pimienta negra recién molida
- 2 manojos de berros picados
- 3 cebollas verdes, finamente picadas

a) Picar finamente 12 de las castañas de agua. Reserva los restantes para decorar.

b) Combine el cerdo, el jengibre, las castañas de agua picadas, la salsa de soja, la maicena, la sal y la pimienta. Mezcle bien y forme bolas de ¾ de pulgada de diámetro.

c) Lleve el caldo de verduras y el caldo de pollo a fuego lento en una olla grande. Poner una cuarta parte de las albóndigas en el caldo y escalfar hasta que suban hasta arriba.

d) Agrega los berros y las cebolletas.

28. Keftedes [albóndigas griegas]

Ingrediente

- 1½ libras de bistec redondo molido
- 2 huevos; ligeramente batido
- ½ taza de pan rallado; fino, suave
- 2 cebollas medianas; picado muy fino
- 2 cucharadas de perejil; fresco, picado
- 1 cucharada de menta fresco, picado
- ¼ de cucharadita de canela
- ¼ de cucharadita de pimienta de Jamaica

- Sal y pimienta molida fresca
- Manteca para freír

a) Combine todos los ingredientes excepto la manteca y mezcle bien.

b) Refrigere por varias horas. Forme bolitas y fríalas en la manteca derretida. Servir caliente.

29. Albóndigas francesas

Ingrediente

- 1 libra   Pollo o pavo molido
- ½ taza de pan rallado
- 1 huevo
- 1 cucharadita de hojuelas de perejil
- ½ cucharadita de cebolla en polvo
- ¼ de cucharadita de sal
- ⅛ cucharadita de pimienta

- ⅛ cucharadita de nuez moscada
- 2 cucharadas de aceite vegetal
- 1 frasco de salsa de pollo para cocinar
- ¼ de cucharadita de sal
- ¼ de cucharadita de pimienta
- 1½ taza de guisantes congelados
- ½ taza de crema agria
- 8 onzas   Fideos de huevo anchos, cocidos y escurridos

a) En un tazón grande, combine el pollo molido, el pan rallado, el huevo, el perejil, la cebolla en polvo, ¼ de cucharadita de sal, ⅛ de cucharadita de pimienta y nuez moscada. Forme albóndigas de 1½ ".

b) Dore las albóndigas por todos lados en aceite vegetal; drenar la grasa. Agregue la salsa, ¼ de cucharadita de sal, ⅛ de cucharadita de pimienta y los guisantes.

c) Cocine a fuego lento, tapado, 30 minutos o hasta que las albóndigas estén bien cocidas; revuelva de vez en cuando. Agrega crema agria.

30. Albóndigas de cordero del Medio Oriente

Ingrediente

- 1½ libras de cordero molido
- ½ taza de cebolla; picado
- ½ taza de perejil fresco; picado
- 3 cucharadas de harina
- 3 cucharadas de vino tinto; (o agua)
- 1½ cucharadita de sal
- ½ cucharadita de pimienta recién molida

- ½ cucharadita de pimienta de Jamaica
- ¼ de cucharadita de canela
- ¼ de cucharadita de pimienta de Cayena

a) Combine los ingredientes, mezcle bien y forme 18 albóndigas.

b) Coloque aproximadamente de 4 a 6 pulgadas por encima de las brasas o ase a unas 4 pulgadas de la fuente de calor durante unos 15 a 20 minutos, volteando con frecuencia o hasta que el cordero esté listo.

31. Sopa de albóndigas asiática

Ingrediente

- 2 cuartos de caldo de pollo
- ¼ de libra de carne de cerdo molida
- 1 cucharada de cebolletas picadas
- 1 cucharada de salsa de soja
- 1 cucharadita de jengibre finamente picado
- 1 cucharadita de aceite de sésamo

Rollos de camarones:

- ¼ de libra de camarones molidos
- ½ taza de fideos de celofán, cocidos

- 1½ cucharadita de salsa de soja
- 1 cucharadita de cebolletas picadas
- 1 cucharadita de ajo picado
- 6 Hojas de col de napa
- 6 Verdes de cebolleta larga
- Cebolletas picadas, para decorar

a) En una olla para sopa, caliente lentamente el caldo de pollo a fuego lento. Hacer albóndigas: combine los ingredientes y forme ⅓ bolas de pulgadas.

b) Haga rollos de camarones: combine los camarones y los siguientes 4 ingredientes. Coloque las hojas de repollo, amontone 1½ cucharadas de relleno en el centro y dóblelas como un rollo de huevo; atar bien con una cebolleta.

c) Coloque con cuidado las albóndigas y los rollos de camarones en el caldo hirviendo. Cocine a fuego lento, 15 minutos.

d) Mezcle algunas cebolletas picadas en una olla para sopa, ajuste el condimento y sirva.

32. Sándwich de albóndigas italiano

Ingrediente

- 1 libra   Mandril rectificado o rectificado
- ½ libra de carne de cerdo molida
- 1½ taza de queso rallado
- 2 tazas de pan rallado fino y seco
- Un puñado de perejil triturado seco
- 2 huevos

- ¾ taza de leche
- Sal pimienta
- 1 cuarto de salsa de tomate y 1 lata pequeña de pasta de tomate
- 1 pinta de tomates enteros, triturados
- vino tinto
- Carne de cerdo salada
- Sal, pimienta, sal de ajo al gusto
- Albahaca seca, Mejorana seca
- 4 dientes de ajo picados

a) Prepara la salsa

b) Prepara las albóndigas: Coloca todos los ingredientes, excepto la leche, en un bol grande y mezcla bien.

c) Forme una pequeña porción de la mezcla de carne en una bola de aproximadamente 2 "de diámetro. Cocínelos hasta obtener una buena corteza por fuera.

33. Kefta egipcia

Ingrediente

- 1 libra de cordero molido
- 1 cucharadita de sal
- ½ cucharadita de pimienta molida
- Berro Picado
- perejil plano

a) Combine la carne, la sal y la pimienta, forme en óvalos de 5 o 6 cuatro pulgadas.

b) Enhebre en la brocheta y cocine a la parrilla durante 5 minutos hasta que se dore, dé vuelta y cocine por el otro lado. Servir sobre un lecho de berros. Espolvorea abundantemente con perejil picado. Acompaña con pan de pita.

34. Albóndigas europeas en salsa de crema

Ingrediente

- 8 onzas   Ronda de carne molida magra
- 8 onzas   Paletilla de cerdo o ternera molida magra
- 1 cebolla amarilla pequeña; picado muy fino
- ½ cucharadita de sal, pimienta negra
- ¼ de cucharadita de tomillo seco; derrumbado
- ¼ de cucharadita de mejorana u orégano; derrumbado
- ¼ de cucharadita de nuez moscada molida
- 1½ taza de pan rallado fresco

- 2 cucharadas de mantequilla
- 2 cucharadas de harina para todo uso
- 1½ taza de caldo de res
- 2 cucharadas de eneldo cortado -o-
- 2 cucharaditas de eneldo seco
- ½ taza de crema espesa o ligera

a) En un bol mezclar la carne de res, cerdo, cebolla, sal, pimienta, tomillo, mejorana, nuez moscada, pan rallado y agua con las manos.

b) Forme bolitas de 2 pulgadas con la mezcla. Ase por cada lado o hasta que esté ligeramente dorado.

c) Para preparar la salsa, derrita la mantequilla en una sartén pesada de 10 pulgadas a fuego moderado. Mezcle la harina para hacer una pasta suave. Transfiera las albóndigas a la salsa.

d) Agregue el eneldo y agregue la crema y revuelva hasta que la salsa esté suave, aproximadamente 1 minuto. Agrega un rubor de pimentón y el eneldo. Sirva con papas o fideos de huevo con mantequilla.

35. Albóndigas danesas (frikadeller)

Ingrediente

- ½ libras de ternera
- ½ libras de cerdo
- 1 gramo de cebolla
- 2 tazas de leche
- Pimienta al gusto
- 2 cucharadas de harina o 1 taza de pan rallado
- 1 huevo

- Sal al gusto

a) Ponga la ternera y el cerdo juntos a través de un molinillo 4 o 5 veces. Agrega harina o pan rallado, leche, huevo, cebolla, sal y pimienta. Mezclar bien.

b) Colocar en una sartén con una cucharada grande y freír a fuego lento.

c) Sirva con mantequilla dorada, papas y repollo guisado.

36. Albóndigas suecas fáciles

Ingrediente

- 2 libras   Carne molida (res, ternera y cerdo)
- 1 cebolla rallada
- ½ taza de pan rallado
- pizca de sal, pimienta
- 1 cucharadita de salsa Worcestershire
- 2 huevos batidos
- 4 cucharadas de mantequilla
- 2 tazas de caldo o consomé

- 4 cucharadas de harina
- $\frac{1}{4}$ taza de jerez

a) Mezcle los primeros seis ingredientes, forme bolitas. Dorar en mantequilla.

b) Agregue el caldo, tape la sartén y cocine a fuego lento durante 15 minutos. Retire las albóndigas, manténgalas calientes. Espesar la salsa con la harina mezclada con un poco de agua fría. Cocine 5 minutos, agregue jerez. Vuelva a calentar las albóndigas en salsa.

37. Albóndigas alemanas

Ingrediente

- 1 libra   Carne molida
- 1 libra   Cerdo, molido
- 1   Cebolla rallada
- ⅓ taza de pan rallado
- pizca de sal
- pizca de pimienta
- pizca de nuez moscada
- 5   Clara de huevo batida

- 3 tazas de agua
- 1 Cebolla finamente cortada
- 4 hojas de laurel
- 1 cucharada de azúcar
- 1 cucharadita de sal
- ½ cucharadita de pimienta gorda y granos de pimienta
- ¼ taza de vinagre de estragón
- 1 cucharada de harina
- 5 yemas de huevo batidas
- 1 limón en rodajas
- alcaparras

a) ALBÓNDIGAS: Mezcle todos los ingredientes, agregando al final las claras de huevo batidas. Forme bolas. SALSA: Hervir los primeros 6 ingredientes durante 30 minutos. Presion; llevar al punto de ebullición, agregar las albóndigas y cocinar a fuego lento durante 15 minutos. Retire las albóndigas a un plato caliente, manteniéndolas calientes. Agregue vinagre al líquido.

38. Guiso de albóndigas de Ghana

Ingrediente

- 2 libras   Carne molida
- 1 cucharadita de jugo de limón
- 1 huevo grande; Ligeramente golpeado
- 1 taza de cebollas; Picado muy fino
- 1 cucharadita de sal, 1 cucharadita de pimienta negra
- 1 pizca de ajo en polvo
- 1 cucharadita de nuez moscada molida

- 1½ cucharada de harina para todo uso
- ½ taza de aceite de cocina
- 1 cebolla mediana; Rebanado
- 1 taza de salsa de tomate
- 1 tomate mediano; Pelado y en rodajas
- 1 pimiento verde; Rebanado

a) En un tazón grande, combine la carne molida con ablandador, jugo de limón, huevo, cebolla, sal, pimienta, ajo y nuez moscada.

b) Forme alrededor de una docena de bolas del tamaño de una cucharada de carne de res sazonada.

c) Mientras tanto, caliente el aceite en una sartén grande a fuego medio. Dore todos los lados de las albóndigas de manera uniforme mientras usa una cuchara de metal para dar vuelta.

d) Para preparar la salsa, devuelva el aceite de cocina restante a una sartén grande y limpia y dore toda la harina restante. Agregue la cebolla, la salsa de tomate, el tomate en rodajas y el pimiento verde.

e) Agregue las albóndigas doradas reservadas, cubra y reduzca el fuego a fuego lento.

39. Albóndigas de aperitivo del lejano oriente

Ingrediente

- 1 lata de fiambre de spam; (12 onzas)
- ⅔ taza de pan rallado seco
- ½ taza de brotes de soja picados y bien escurridos
- ¼ de taza de cebollas verdes picadas
- ¼ de cucharadita de jengibre en polvo
- Pimienta negra recién molida; probar
- Selecciones de cócteles

SALSA DE ACOMPAÑAMIENTO

- 1 taza de jugo de tomate

- ¼ taza de pimiento verde finamente picado
- ⅓ taza de cebollas verdes finamente picadas
- ¼ de cucharadita de jengibre molido

a) Combine el Spam molido con pan rallado, frijoles, cebolla, jengibre y pimiento.

b) Forme 24 bolitas con la mezcla. Coloque sobre la rejilla en un molde para hornear poco profundo; hornee en horno a 425 grados durante 15 minutos. Déjelo enfriar a temperatura ambiente.

c) Unte las albóndigas en palillos de cóctel y sumérjalas en la salsa picante del Lejano Oriente.

d) Salsa para mojar Far East: En una cacerola pequeña, combine todos los ingredientes. Llevar a hervir; cocine a fuego lento, sin tapar, 5 minutos. Servir caliente.

40. Albóndigas indonesias

Ingrediente

- 500 gramos de carne de cerdo picada
- 1 cucharadita de jengibre fresco rallado
- 1 Cebolla; muy finamente picado
- 1 Huevo; vencido
- ½ taza de pan rallado fresco
- 1 cucharada de aceite

- 1 cebolla; cortado en cubitos
- 1 Diente de ajo; aplastada
- 1 cucharadita de jengibre fresco rallado
- ¼ de cucharadita de cilantro molido
- 1 lata de crema reducida de Nestlé
- 2 cucharadas de coco fino
- 4 cucharaditas de salsa de soja
- ¼ taza de mantequilla de maní crujiente

a) Combine la carne de cerdo picada, la raíz de jengibre, la cebolla, el huevo y el pan rallado. Mezclar bien.

b) Agregue las albóndigas y cocine hasta que estén doradas por todas partes.

c) Coloca la mantequilla en la sartén. Agrega la cebolla y cocina por 2-3 minutos.

d) Agregue el ajo, el curry de raíz de jengibre en polvo y el cilantro molido.

e) Agregue la resma reducida, el agua y el coco. Revuelva hasta que quede suave y luego agregue la salsa de soja y la mantequilla de maní. Agrega las albóndigas.

41. Albóndigas libanesas

Ingrediente

- ½ taza de cebolla picada
- 3 cucharadas de mantequilla
- 1 libra   Carne molida
- 1 huevo batido
- 2 rebanadas de pan empapado en 1/2 c. Leche
- 1 cucharadita de sal
- ⅛ cucharadita de pimienta

- 1 taza de pan rallado seco
- 2 tazas de yogur natural

a) Preparación: Sofreír la cebolla en 1 cucharada de mantequilla hasta que esté transparente.

b) Déjelo enfriar un poco. Mezclar con carne, huevo, pan y condimentos. Forme bolas de $1\frac{1}{4}$ de pulgada y enróllelas en pan rallado seco. Dorar lentamente en las 2 cucharadas de mantequilla restantes. Escurra todo menos 2 cucharadas de grasa.

c) Con una cuchara, coloque suavemente el yogur sobre y alrededor de las albóndigas. Cocine a fuego lento durante 20 minutos. Sirva caliente con arroz o pilaf de trigo.

42. Albóndigas y pimientos de California

Ingrediente

- 3 cucharadas de aceite de oliva
- 1 pimiento rojo grande, sin corazón, sin semillas
- 1 pimiento verde grande, sin corazón, sin semillas
- 1 pimiento amarillo grande, sin corazón, sin semillas
- 1 cebolla grande, cortada en gajos
- ⅓ libras de carne molida
- ⅓ libras de carne de cerdo molida

- ⅓ libras de ternera molida
- 1 huevo grande
- ¼ de taza de pan rallado fino y seco
- ¼ taza de perejil fresco picado
- 1 cucharadita de semillas de hinojo, trituradas
- 1¼ cucharadita de sal
- ¼ de cucharadita de pimienta negra
- ½ taza de aceitunas negras sin hueso, cortadas por la mitad

a) En una sartén de 12 "a fuego medio, caliente 1 cucharada de aceite de oliva; agregue los pimientos rojos, verdes y amarillos y la cebolla.

b) Combine Butcher's Blend, huevo, pan rallado, perejil, semillas de hinojo, ¼ de cucharadita. sal y pimienta negra.

c) Forme la mezcla en bolas de 1¼ ". Cocine.

43. Albóndigas cantonesas

Ingrediente

- 1 libra   Carne molida
- ¼ de taza de cebollas picadas
- 1 cucharadita de sal
- 1 cucharadita de pimienta
- ½ taza de leche
- ¼ de taza) de azúcar
- 1½ cucharada de maicena

- 1 taza de jugo de piña
- ¼ taza de vinagre
- 1 cucharadita de salsa de soja
- 1 cucharada de mantequilla
- 1 taza de apio en rodajas
- ½ taza de pimiento en rodajas
- ½ taza de almendras picadas, salteadas
- Forme 20 albóndigas pequeñas de carne combinada, cebolla, sal, pimienta y leche.

a) Combine el azúcar y la maicena; mezcle los líquidos y agregue la mantequilla.

b) Cocine a fuego lento hasta que esté claro, revolviendo constantemente.

c) Agrega las verduras y calienta a fuego lento durante 5 minutos.

d) Coloque las albóndigas sobre una cama de arroz cocido, cubra con salsa y espolvoree con almendras.

Albóndigas con palillo de cóctel

44. Albóndigas de cóctel festivo

Ingrediente

- 1½ libras de carne molida
- 1 taza de arroz MINUTE
- 1 lata (8 oz) de piña triturada en jugo
- ½ taza de zanahoria [finamente rallada]
- ½ taza de cebolla [picada]
- 1 huevo [batido]

- 1 cucharadita de jengibre [molido]
- 8 onzas   aderezo francés
- 2 cucharadas de salsa de soja

a) Mezcle todos los ingredientes, excepto los 2 últimos, en un tazón y luego forme albóndigas de 1".

b) Coloque en una bandeja para hornear engrasada y hornee en horno precalentado.

c) Mezcle la salsa de soja y el aderezo.

d) Sirve las albóndigas tibias con el aderezo.

45. Albóndigas de aperitivo al chipotle

Ingrediente

- 1 cebolla mediana; Cortado
- 4 Dientes de ajo; Cortado
- 1 cucharada de aceite vegetal
- 1 taza de salsa de tomate
- 2 tazas de caldo de res

- ¼ taza de adobo de chipotles junto con la salsa
- 1 libra   Carne molida
- 1 libra   Carne de cerdo molida
- ½ taza de cebolla finamente picada
- ¼ taza de cilantro fresco finamente picado
- ½ taza de pan rallado
- 1 huevo; vencido
- Sal y pimienta negra recién molida
- Aceite vegetal para freír

a) Sofreír la cebolla y el ajo en el aceite hasta que estén ligeramente dorados. Agrega la salsa de tomate, el caldo y los chipotles en salsa adobo.

b) Combine la carne de res, cerdo, cebolla, cilantro, pan rallado, huevo y sazone con sal y pimienta. Mezcle suavemente y luego forme pequeñas albóndigas.

c) Vierta un par de cucharadas de aceite en una cacerola pesada y dore las albóndigas.

46. Albóndigas de cóctel de arándanos

Ingrediente

- 2 libras   Chuck, tierra
- 2 cada uno   Huevos
- ⅓ taza de salsa de tomate
- 2 cucharadas de salsa de soja
- ¼ de cucharadita de pimienta
- 12 onzas de salsa de chile
- 1 cucharada de jugo de limón

- 1 taza de hojuelas de maíz, migas
- ⅓ taza de perejil, fresco, picado
- 2 cucharadas de cebolla, verde y picada
- 1 diente de ajo de cada uno, prensado
- 16 onzas de salsa de arándanos, integral
- 1 cucharada de azúcar morena

a) Combine los primeros 9 ingredientes en un tazón grande; revuelva bien. Forme bolas de 1 pulgada con la mezcla de carne.

b) Colocar en un molde para gelatina de 15x10x1 sin engrasar. Hornee sin cubrir a 500F durante 8 a 10 minutos.

c) Escurra las albóndigas y transfiéralas a una fuente para calentar y manténgalas calientes.

d) Combine la salsa de arándanos con los ingredientes restantes en una cacerola. Cocine a fuego medio hasta que burbujee, revolviendo ocasionalmente; vierta sobre las albóndigas. Sirva caliente.

47. Albóndigas de vino

Ingrediente

- 1½ libras Chuck, molido
- ¼ de taza   Pan rallado, sazonado
- 1 cebolla mediana; Cortado
- 2 cucharaditas   Rábano picante, preparado
- 2 dientes de ajo; aplastada
- ¾ taza Jugo de tomate
- 2 cucharaditas   Sal
- ¼ de cucharadita de pimienta
- 2 cucharadas de margarina
- 1 cebolla mediana; Cortado
- 2 cucharadas de harina para todo uso

- 1½ taza de caldo de res
- ½ taza Vino tinto seco
- 2 cucharadas de azúcar morena
- 2 cucharadas de salsa de tomate
- 1 cucharada   Jugo de limon
- 3 galletas de jengibre; derrumbado

a) Combine los primeros 8 ingredientes, mezclando bien. Forme bolas de 1"; colóquelas en una fuente para hornear de 13x9x2". Hornee a 450 grados durante 20 minutos. Retirar del horno y secar el exceso de grasa.

b) Caliente la margarina en una sartén grande; saltee la cebolla hasta que esté tierna. Incorpora la harina; agregue gradualmente el caldo de res, revolviendo constantemente. Agrega los ingredientes restantes. Cocine a fuego lento durante 15 minutos; agregue las albóndigas y cocine a fuego lento durante 5 minutos.

48. Chuletas (albóndigas de coctel mexicano)

Ingrediente

- 2 libras de carne molida
- 2 tazas   Ramitas de perejil; Picado
- 3 cebollas amarillas; Picado
- 2 huevos grandes; ligeramente golpeado
- 1 cucharada   Sal
- $\frac{1}{2}$ taza Queso parmesano; Recién rallado
- $\frac{1}{2}$ cucharadita de salsa tabasco
- 1 cucharadita de pimienta negra
- 3 tazas   Miga de pan seco
- Aceite de oliva

a) Mezcle todos los ingredientes excepto las migas. Forme bolas pequeñas del tamaño de un cóctel.

b) Enrolle las bolas en el pan rallado. Enfriar bien. Sofría en aceite de oliva de tres a cuatro minutos. Transfiera a un plato de frotamiento. Sirva con su salsa favorita como salsa para mojar. Rinde aproximadamente 15 por libra de carne molida.

49. Albóndigas de fiesta de plato de frotamiento

Ingrediente

- 1 libra   Carne molida
- ½ taza de pan rallado fino y seco
- ⅓ taza de cebolla; picado
- ¼ taza de leche
- 1   Huevo; vencido
- 1 cucharada de perejil fresco; picado
- 1 cucharadita de sal
- ½ cucharadita de pimienta negra

- 1 cucharada de salsa Worcestershire
- ¼ taza de manteca vegetal Crisco
- 1 botella de 12 oz de salsa de chile
- 1 tarro de gelatina de uva de 10 oz

a) Forme albóndigas de 1 ". Cocine en una sartén eléctrica en manteca caliente a fuego medio durante 10-15 minutos o hasta que se doren. Escurra sobre toallas de papel.

b) Combine la salsa de chile y la gelatina de uva en una cacerola mediana (o la misma sartén eléctrica); revuelva bien. Agregue las albóndigas y cocine a fuego lento durante 30 minutos, revolviendo ocasionalmente. Sirva con palillos de dientes sacados de una fuente para calentar para mantener el calor.

50. Albóndigas de cóctel de alce

Ingrediente

- 2 libras   Carne molida
- 1 cada huevo, ligeramente batido
- ½ cucharadita de pimienta
- 1 taza de pan rallado fino
- 1 cucharadita de sal
- ½ taza de leche
- 2 cucharaditas de cebolla rallada

- 2½ taza de jugo de piña
- ¼ taza de harina
- 1-2 cucharaditas de manteca vegetal
- 1 taza de salsa barbacoa

DIRECCIONES

a) Mezcle la carne, las migas, el huevo, la sal, la pimienta, la leche, la pimienta y la cebolla; Forme pequeñas albóndigas. Dorar en manteca caliente. Mezcle el jugo de piña, la salsa barbacoa y la harina. Agrega las albóndigas a la salsa.

b) Hornee en una cazuela durante una hora y media a 350 grados. Se puede servir frío o caliente sobre palillos.

CONCLUSIÓN

La mayoría de nosotros asociamos las albóndigas con los clásicos de la cocina italoamericana: salsa marinara cocida a fuego lento que recubre las bolas con olor a orégano, apiladas encima de los espaguetis. Pero las albóndigas también aparecen en la cocina de otras culturas, desde el Medio Oriente hasta el sudeste asiático. Después de todo, una albóndiga a menudo utiliza cortes de carne menos deseables, los que necesitan picado fino y una serie de complementos para disfrutarlos adecuadamente, por lo que los cocineros de todo el mundo se han dado cuenta de que son una forma ideal de utilizar trozos adicionales de carne dura. , paleta de cerdo grasosa.

Cualquiera que sea el sabor que esté deseando actualmente, probablemente se pueda adaptar a la fórmula de carne, pan, huevo y sal. De hecho, ni siquiera necesitas la carne para una albóndiga. ¡Tenemos una bola de verduras de la que estamos muy orgullosos!

DOMINA EL ARTE DE HACER ALBÓNDIGAS

50 RECETAS DE RIEGO BUCAL

HECTOR MORGAN

Reservados todos los derechos.

Descargo de responsabilidad

La información contenida i está destinada a servir como una colección completa de estrategias sobre las que el autor de este libro electrónico ha investigado. Los resúmenes, estrategias, consejos y trucos son solo recomendaciones del autor, y la lectura de este libro electrónico no garantiza que los resultados de uno reflejen exactamente los resultados del autor. El autor del eBook ha realizado todos los esfuerzos razonables para proporcionar información actualizada y precisa a los lectores del eBook. El autor y sus asociados no serán responsables de ningún error u omisión no intencional que se pueda encontrar. El material del eBook puede incluir información de terceros. Los materiales de terceros forman parte de las opiniones expresadas por sus propietarios. Como tal, el autor del libro electrónico no asume responsabilidad alguna por el material u opiniones de terceros.

El libro electrónico tiene copyright © 2021 con todos los derechos reservados. Es ilegal redistribuir, copiar o crear trabajos derivados de este libro electrónico en su totalidad o en parte. Ninguna parte de este informe puede ser reproducida o retransmitida de forma reproducida o retransmitida en cualquier forma sin el permiso expreso y firmado por escrito del autor.

TABLA DE CONTENIDO

TABLA DE CONTENIDO 124

ALBÓNDIGAS CON SANDWICH Y HAMBURGUESA
.... **Error! Bookmark not defined.**

1. Sándwiches de albóndigas calientes 130
2. Sándwiches de albóndigas y berenjenas 132
3. Subs de albóndigas 134
4. Bolas de hamburguesa de jamón con ñame 136
5. Sándwiches de héroe de albóndigas 138
6. Sub vegetariano de "albóndigas" 140
7. Sándwiches de albóndigas y berenjenas 142
8. Bolas de chucrut 144

SOPAS Y GUISOS DE ALBÓNDIGA 146

9. Sopa de albondigas (sopa de albóndigas) 146
10. Sopa de albóndigas de tortilla mexicana 148
11. Sopa de albóndigas al limón 150
12. Sopa de albóndigas 152
13. Sopa de albóndigas de jengibre y berros ... 154
14. Guiso de albóndigas italiano 156

15. Sopa de albóndigas de venado..........................158

dieciséis..............................Sopa de albóndigas búlgara 160

17. Sopa de escarola con albóndigas....................162

ENSALADA...164

18. Albóndigas danesas con ensalada de pepino 164

19. Ensalada de albóndigas oriental.....................166

20. Albóndigas de chile tex-mex.......................... 168

21. Bolas de ensalada de pollo............................. 170

ALBÓNDIGAS ENVUELTAS Y RELLENAS................... 172

22. Albóndigas envueltas en tocino..................... 172

23. Pavo y relleno de albóndigas......................... 174

24. Albóndigas rellenas de queso........................176

25. Albóndigas rellenas de aceitunas..................178

26. Albóndigas rellenas mediterráneas...............180

PASTA Y ALBÓNDIGAS.. 182

27. Cazuela de espaguetis y albóndigas..............182

28. Espaguetis con albóndigas vegetarianas..... 184

29. Rigatoni y albóndigas al horno......................186

30. Penne al horno con albóndigas de pavo........188

31. Albóndigas y pasta picante con queso..........190

32. Albóndigas y macarrones de atajo...............192

33. Albóndigas y salsa de espagueti...................194

34. Albóndigas en salsa picante........................196

35. Albóndigas con fideos en yogur...................198

36. Stracciatelle con albóndigas.......................200

37. Buñuelos de mozzarella y espaguetis...........202

38. Sopa de albóndigas y ravioles......................204

39. Linguini con rape..206

ALBÓNDIGAS VEGANAS...................................208

40. Bolas de tofu..208

41. Pasta vegana de albóndigas en una olla........210

42. Albóndigas veganas al horno.......................212

43. Albóndigas sin carne...................................214

44. Albóndigas Vegetarianas.............................216

45. Albóndigas De Orégano Y Limón..................218

46. Albóndigas De Lentejas 220

47. Imitación Ikea Veggie Balls 222

48. Albóndigas De Quinua 224

49. Albóndigas De Garbanzos picantes 226

50. Albóndigas Veganas De Hongos 228

CONCLUSIÓN 230

INTRODUCCIÓN

Una albóndiga es un alimento que se define a sí mismo: es literalmente una bola de carne. Pero antes de que empieces a colocar trozos de carne molida en una sartén y a llamar "albóndigas" a tu triste cena, demos un paso atrás.

Aprenda a hacer albóndigas fáciles usted mismo en casa y cocínelas para que estén perfectamente doradas por fuera pero aún jugosas en el medio. Aquí hay algunos trucos y consejos para unas albóndigas perfectas:

La carne molida

Puede utilizar cualquier carne picada o mezcla de carne picada que desee. El favorito de los fanáticos es una mezcla de carne molida de res y cerdo. El cordero molido, el pavo, el pollo, la ternera o el búfalo también son un juego limpio.

Aglutinante de pan rallado y leche

Un truco para asegurarse de que las albóndigas estén totalmente tiernas una vez cocidas es usar una carpeta. Este aglutinante ayuda a agregar humedad a las albóndigas y también evita que las proteínas de la carne se encojan y se endurezcan.

Evite trabajar demasiado la carne

Otro truco para ablandar las albóndigas es no trabajar demasiado la carne: mezcle la carne con el aglutinante y otros ingredientes hasta que estén combinados.

Asar o hervir a fuego lento las albóndigas

Tienes dos opciones: asarlos o hervirlos a fuego lento en una salsa. Asar es la mejor opción si planea servir las albóndigas en algo que no sea una salsa o si planea congelar las albóndigas para más tarde. El asado también le da un poco más de sabor a las albóndigas ya que el exterior se quema con el calor del horno.

Si planea servir las albóndigas con salsa, también puede cocinar las albóndigas junto con la salsa. Esta suave cocción a fuego lento no solo hace algunas de las albóndigas más tiernas y sabrosas que jamás hayas probado, sino que la salsa también se vuelve más rica y sabrosa en el proceso.

ALBÓNDIGAS CON SANDWICH Y HAMBURGUESA

51. Sándwiches de albóndigas calientes

Ingrediente

- 26 onzas de salsa de espagueti; dividido
- ½ taza de pan rallado fresco
- 1 cebolla pequeña; picado muy fino
- ¼ taza de queso parmesano o romano rallado
- 1 Huevo
- 1 cucharadita de hojuelas de perejil seco

- 1 cucharadita de ajo en polvo
- 1 libra   Carne molida
- 4   Rollos de sándwich italianos

a) Precaliente el horno a 350F. En un tazón grande, combine ⅓ de taza de salsa para espaguetis, el pan rallado, la cebolla, el queso, el huevo, el perejil y el ajo en polvo; mezclar bien. Agrega la carne molida a la mezcla; mezclar bien. Forme unas dieciséis albóndigas de 2 pulgadas y colóquelas en un molde para hornear de 9 "x 13".

b) Hornea por 20 minutos. Retirar del horno y escurrir el líquido. Vierta el resto de la salsa sobre las albóndigas y vuelva al horno durante 10 a 15 minutos más, o hasta que estén calientes y completamente cocidas.

c) Sirva en los panecillos para sándwich.

52. Sándwiches de albóndigas y berenjenas

Ingrediente

- 1 libra   Carne de res molida

- 14 onzas de salsa para espaguetis condimentada con albahaca; 1 tarro

- 1 berenjena mediana

- 4½ cucharada   Aceite de oliva; Dividido

- 1 cebolla morada mediana

- ¼ libras de champiñones

- 4 cada una   Rollos de sándwich de pan francés o baguettes; 6-8 pulgadas de largo

- 4 onzas   Queso provolone; 4 rebanadas

a) Cortar la berenjena en filetes de $\frac{1}{2}$ a $\frac{3}{4}$ de pulgada y colocar en un plato, espolvorear con sal y dejar escurrir durante 30 minutos.

b) Forme la carne molida en doce albóndigas de $1\frac{1}{2}$ pulgada de diámetro. Cocínelos en una olla, a fuego lento, rotándolos con frecuencia para que se doren uniformemente y evitar que se peguen. agregue la salsa de espagueti. Deje hervir a fuego lento para asegurarse de que las albóndigas estén bien cocidas.

c) Calienta 3 cucharadas de aceite de oliva y sofríe la berenjena a fuego medio.

d) Espolvorea con sal y pimienta al gusto.

e) Cocine por 4 minutos y luego agregue los champiñones.

f) Cortar las baguettes a lo largo y cubrir las piezas inferiores de pan con una capa fina de filetes de berenjena y luego cubrir con 3 albóndigas.

g) Vierta una cantidad generosa de las salsas de espagueti adicionales y distribuya ampliamente las cebollas y los champiñones sobre las albóndigas.

53. Subs de albóndigas

Ingrediente

- 6   Rollos submarinos (2 1/2 oz.), Sin dividir
- 1 libra   Tierra redonda
- 16 onzas de salsa de tomate sin sal agregada, cantidad dividida
- ¼ de taza de pan rallado sazonado
- ¼ taza de cebolla picada
- ¼ de cucharadita de sal
- 1 diente de ajo picado
- Spray vegetal para cocinar

- 2 cucharaditas de aceite de oliva
- 1½ taza de pimiento verde, cortado en juliana de 1 1/2 "
- 1 taza de cebolla picada
- 2 cucharadas Pasta de tomate
- ½ cucharadita Albahaca entera seca

a) Con un cuchillo inclinado en ángulo, corte una pieza ovalada de 5x1½ "de la parte superior de cada rollo. Saque el rollo, dejando una cavidad de 1 ½" de ancho. Ponga los panecillos a un lado; reserve el pan restante para otro uso.

b) Combine la ronda molida, ¼ de taza de salsa de tomate y los siguientes 4 ingredientes en otro tazón; revuelva bien,. Forme 54 (1 pulgada) albóndigas; colocar sobre una rejilla cubierta con aceite en aerosol. Coloque la rejilla en una fuente para asar. Hornee a 350 F. durante 15 minutos o hasta que esté listo.

c) Cubre una sartén antiadherente con aceite en aerosol; agregar el aceite. Coloque a fuego medio hasta que esté caliente. Agrega el pimiento morrón y la cebolla; sofreír 5 minutos. Agrega la salsa de tomate restante, la pasta de tomate y la albahaca; cocine a fuego lento, sin tapar, 5 minutos. Agrega las albóndigas, revolviendo suavemente para cubrirlas; cocine por 3 minutos o hasta que esté caliente.

54. Bolas de hamburguesa de jamón con ñame

Ingrediente

- 2 tazas Jamón molido; (alrededor de 1/2 libra)
- ½ libras Carne picada
- 1 taza Migas de pan integral
- 1 Huevo; vencido
- ¼ de taza Cebolla picada
- 2 cucharadas Pipas de girasol saladas -O-
- ½ cucharadita Sal
- 2 latas (23 oz cada una) de ñame; escurrido y cortado en cubos

- ½ taza Jarabe oscuro de maíz
- ½ taza Jugo de manzana o jugo de piña
- ¼ de cucharadita Nuez moscada
- 1 cucharada Maicena

a) Mezcle bien la carne molida, el pan rallado, el huevo, la cebolla y las semillas de girasol.

b) Forme de 12 a 16 albóndigas. Coloque sobre una rejilla en una asadera. Hornee las albóndigas en un horno precalentado a 425 grados durante 15 minutos.

c) Coloque los ñames en Crock-Pot. Combine el jarabe de maíz, el jugo y la nuez moscada y vierta la mitad sobre las batatas. Coloque las albóndigas doradas sobre las batatas y cubra con la salsa restante. Tape y cocine a temperatura baja durante 5 a 6 horas.

d) Transfiera las albóndigas a un plato para servir; coloque los ñames en un tazón para servir y manténgalos calientes. Agregue la maicena a la salsa. Tape y cocine a temperatura alta hasta que espese; vierta sobre los ñames antes de las porciones.

55. Sándwiches de héroe de albóndigas

Ingrediente

- Spray de aceite vegetal antiadherente
- 1½ libras Carne de res molida
- ½ taza Queso parmesano rallado
- 2 grandes Huevos
- ¼ de taza Perejil fresco picado
- ¼ de taza Hojuelas de maíz trituradas
- 3 grandes Dientes de ajo; picado
- 2½ cucharadita Orégano seco

- ½ cucharadita Pimienta blanca molida
- ½ cucharadita Sal
- 3 tazas Salsa marinara comprada
- 6 Rollos largos italianos o franceses; dividido longitudinalmente, tostado
- 6 Porciones

a) Un sándwich clásico que está garantizado para satisfacer, ya sea que se sirva como almuerzo de fin de semana o como cena sencilla entre semana.

b) Combine la carne molida, el queso parmesano rallado, los huevos, el perejil fresco picado, los copos de maíz triturados, el ajo picado, el orégano seco, la pimienta blanca molida y la sal en un tazón grande y mezcle bien.

c) Con las manos humedecidas, forme la mezcla de carne en círculos de 1½ pulgada y colóquelos en la hoja preparada, espaciando uniformemente.

d) Hornee las albóndigas hasta que estén firmes al tacto.

56. Sub vegetariano de "albóndigas"

Ingrediente

- 1 taza Gránulos de tvp
- 1 taza Agua hirviendo
- ½ taza Migas de pan
- ¼ de taza Harina de trigo integral
- ½ cucharadita Sal
- ¼ de cucharadita pimentón
- 1 cucharadita sabio

- ½ cucharadita Hinojo
- 1 cucharadita Orégano
- ½ cucharadita Polvo de ajo
- ½ cucharadita Tomillo
- 1 cucharadita Aceite de oliva
- 4 Rollos submarinos (individual)
- 1 taza Salsa de espagueti, calentada
- 2 medios Pimientos verdes asados   y sli

a) Combine TVP y agua hirviendo y deje reposar hasta que se absorba el agua, aproximadamente 5 minutos. Agregue el pan rallado, la harina, la sal, la pimienta de cayena, la salvia, el hinojo, el orégano, el ajo y el tomillo. Mezclar bien.

b) Forme 12 bolas con la mezcla de TVP. Frote aceite de oliva en las palmas y haga rodar cada bola en sus manos para cubrirlas. Coloque en una bandeja para hornear ligeramente engrasada y ase hasta que se dore, 10 minutos. Coloque tres bolas en cada rollo y cubra con salsa y pimientos.

57. Sándwiches de albóndigas y berenjenas

Ingrediente

- 1 libra   Carne de res molida

- 14 onzas Salsa de espagueti sazonada con albahaca; 1 tarro

- 1 mediano Berenjena

- 4½ cucharada Aceite de oliva; Dividido

- 1 mediano Cebolla roja

- ¼ libras Hongos

- 4 cada una   Rollos de sándwich de pan francés o Baguettes; 6-8 pulgadas de largo

- 4 onzas Queso provolone; 4 rebanadas

a) Cortar la berenjena en filetes de ½ a ¾ de pulgada y colocar en un plato, espolvorear con sal y dejar escurrir durante 30 minutos.

b) Forme la carne molida en doce albóndigas de 1½ pulgada de diámetro. Cocínelos en una olla, a fuego lento, rotándolos con frecuencia para que se doren uniformemente y evitar que se peguen.

c) Cortar la cebolla en aros finos y picar los champiñones en trozos irregulares y reservarlos.

d) Enjuague bien los filetes de berenjena y luego séquelos. Caliente 3 cucharadas de aceite de oliva y saltee suavemente la berenjena a fuego medio,

e) Espolvorea con sal y pimienta al gusto. Retirar del fuego y dejar escurrir.

f) Cocine por 4 minutos y luego agregue los champiñones.

g) Corta las baguettes a lo largo y separa la parte superior de la inferior. Coloque una capa fina de filetes de berenjena en los pedazos inferiores de pan y luego cúbralos con 3 albóndigas.

58. Bolas de chucrut

Ingrediente

- 1 mediano Cebolla, picada
- 2 cucharadas Manteca
- 1 lata Spam (tierra)
- 1 taza Carne en conserva molida
- ¼ de cucharadita Sal de ajo
- 1 cucharada Mostaza

- 3 cucharadas Perejil picado
- 2 tazas Chucrut
- ⅔ taza Harina
- ½ taza Caldo de res o cubito de caldo, disuelto en 1/2 taza de agua
- 2 Huevos bien batidos
- ½ taza Migas de pan
- ⅛ cucharadita Pimienta

a) saltee las cebollas en mantequilla, agregue el spam, la carne en conserva. Cocine 5 minutos y revuelva con frecuencia. Agregue sal de ajo, mostaza, perejil, pimienta, chucrut, ½ taza de harina y caldo de res. Mezclar bien. Cocine por 10 minutos.

b) Extienda en una fuente para que se enfríe. Forme bolitas. Enrollar en harina, sumergir en huevos y enrollar en migas. Freír en grasa caliente a 375 grados hasta que se doren.

SOPAS Y GUISOS DE ALBÓNDIGA

59. Sopa de albondigas (sopa de albóndigas)

Ingrediente

- 1 Cebolla picada
- 1 Ajo Picado
- 2 cucharadas Petróleo
- ¾ libras Carne molida
- ¾ libras Carne de cerdo molida
- ⅓ taza Arroz crudo

- 1½ cucharadita Sal
- 4 onzas   Salsa de tomate
- 3 cuartos Caldo de carne
- ¼ de cucharadita Pimienta
- 1   Huevo ligeramente batido
- 1 cucharada Hojas de menta picadas

a) Wilt cebolla y ajo en aceite; agregue la salsa de tomate y el caldo de res. Calentar hasta que hierva. Mezclar la carne con arroz, huevo, menta, sal y pimienta; forma bolitas.

b) Vierta en caldo hirviendo. Cubra bien y cocine 30 minutos. Se congelará muy bien.

60. Sopa de albóndigas de tortilla mexicana

Ingrediente

- 1½ libras Carne de res molida

- Veges

a) Combine la carne molida con el cilantro, el ajo, el jugo de lima, el comino, la salsa picante y la sal y pimienta. Forme bolas de 1 onza.

b) Cocine hasta que se doren por todos lados, aproximadamente 5 minutos.

c) Sopa: En una olla grande, caliente 2 cucharadas de aceite vegetal. Agrega la cebolla y el ajo.

d) Agregue los chiles y cocine 2 minutos. Agregue los tomates y su jugo, caldo de pollo, chile en polvo, comino y salsa picante. Cocine a fuego lento durante 15 a 20 minutos.

e) En un tazón pequeño, combine la harina y el caldo de pollo. Batir en sopa. Traer de vuelta a ebullición. Reduzca el fuego y cocine a fuego lento durante 5 minutos. Agregue las albóndigas y cocine a fuego lento durante 5 minutos más.

61. Sopa de albóndigas al limón

Ingrediente

- 1 libra de carne molida
- 6 cucharadas de arroz
- 1 cucharadita de pimentón
- 1 cucharadita de ajedrea seca
- Sal pimienta
- Harina
- 6 tazas   Agua
- 2 cubos de caldo de res

- ½ manojo de cebollas verdes; rebanado
- 1 pimiento verde; Cortado
- 2 zanahorias; pelado, cortado en rodajas finas
- 3 tomates; pelado y picado
- 1 Sm. chiles amarillos, partidos
- ½ manojo de perejil; picado
- 1 huevo
- 1 limón (solo jugo)

a) Combine carne, arroz, pimentón y ajedrea. Sazone al gusto con sal y pimienta. Mezclar ligeramente pero a fondo. Forme bolas de 1 pulgada, luego enrolle en harina.

b) Combine agua, cubos de caldo, 1 cucharada de sal, 1 cucharadita de pimienta, cebollas verdes, pimiento verde, zanahorias y tomates en una olla grande. Tape, deje hervir, reduzca el fuego y cocine a fuego lento durante 30 minutos.

c) Agregue las albóndigas, tape y deje hervir nuevamente. Reduzca el fuego y cocine a fuego lento durante 20 minutos. Agregue los chiles y cocine a fuego lento, tapado, 40 minutos o hasta que el arroz esté cocido. Agregue el perejil durante los últimos 5 minutos de tiempo de cocción.

62. Sopa de albóndigas

Ingrediente

- 2 libras   Carne magra molida
- 2 cucharadas de leche
- Especias

a) Para hacer albóndigas combine todos los ingredientes excepto el aceite; mezclar bien. Forme bolas del tamaño de nueces (40-50 bolas). Caliente el aceite y dore ligeramente las bolas.

b) Sopa de pescado: En una olla de 8 a 10 cuartos, hierva todos los ingredientes excepto Mexicorn.

Reduzca el fuego y cocine a fuego lento durante 30 minutos, agregando Mexicorn durante los últimos 10 minutos. Agregue las albóndigas doradas. Rinde de 6 a 7 cuartos de galón.

63. Sopa de albóndigas de jengibre y berros

Ingrediente

- 1 lata (8 onzas) de castañas de agua
- 1 libra   Carne de cerdo magra finamente molida
- 4½ cucharadita de jengibre fresco pelado y picado
- 1   Pimienta blanca molida, al gusto
- 1½ cucharadita de salsa de soja
- 2⅛ cucharadita de maicena
- Sal al gusto
- 5 tazas de caldo de verduras
- 5 tazas de caldo de pollo

- 1 Sal
- 1 Pimienta negra recién molida
- 2 Racimos de berros picados
- 3 Cebolla verde finamente picada

a) Albóndigas: Picar finamente 12 de las castañas de agua. Reserva los restantes para decorar. Combine el cerdo, el jengibre, las castañas de agua picadas, la salsa de soja, la maicena, la sal y la pimienta. Mezcle bien y forme bolas de $\frac{3}{4}$ de pulgada de diámetro.

b) Sopa: Hierva el caldo de verduras y el caldo de pollo a fuego lento en una olla grande. Poner una cuarta parte de las albóndigas en el caldo y escalfar hasta que suban hasta arriba.

c) Se sazona con sal y pimienta negro al gusto. Baje el fuego a medio bajo. Agrega los berros y las cebolletas.

d) Cocine, sin tapar, durante unos minutos hasta que los berros estén ligeramente marchitos.

64. Guiso de albóndigas italiano

Ingrediente

- 1½ libras de carne molida magra
- ½ taza de pan rallado fino
- 2 Huevos batidos
- ¼ taza de leche
- 2 cucharadas de queso parmesano rallado
- 1 cucharadita de sal / pimienta

- $\frac{1}{8}$ cucharadita de sal de ajo
- 2 Zanahorias peladas y cortadas
- 6 onzas Pasta de tomate
- 1 taza de caldo de res
- $\frac{1}{2}$ cucharadita de orégano
- 1 cucharadita de sal sazonada
- $\frac{1}{2}$ cucharadita de albahaca
- 10 onzas congeladas al estilo italiano

    α) Verduras parcialmente descongeladas

    β) Combine la carne con pan rallado, huevos, leche, queso, sal, sal de ajo y pimienta. Forme bolas de 2 pulgadas. Deje caer las zanahorias en el fondo de una olla de cocción lenta.

    χ) Coloque las albóndigas sobre las zanahorias. Combine la pasta de tomate con agua, caldo, orégano, sal sazonada y albahaca. Vierta sobre la carne. Tape y cocine a fuego lento durante 4 a 6 horas.

    δ) Tape y cocine a fuego alto durante 15 a 20 minutos o hasta que las verduras estén tiernas.

65. Sopa de albóndigas de venado

Ingrediente

- ½ libras   Magra de venado o cordero,
- Tierra dos veces
- ½ taza de arroz cocido, trigo molido
- O bulghour
- ¼ de taza Cebolla finamente picada
- ¼ de taza Perejil finamente picado

- 2 latas   Caldo de pollo condensado
- (10-1 / 2 onzas cada uno)
- 2 latas   Agua
- ⅓ taza   Jugo de limon
- 2 Huevos
- Sal pimienta

a) Combine los primeros cuatro ingredientes. Forme bolas de ¾ de pulgada. Caliente el caldo y el agua a fuego lento. Agrega las albóndigas; cocine a fuego lento de 15 a 20 minutos. En una sopera, bata el jugo de limón y los huevos hasta que quede suave.

b) Incorpora poco a poco el caldo caliente. Agregue las albóndigas al final. Sazone al gusto con sal, pimienta.

66. Sopa de albóndigas búlgara

Ingrediente

- 1 libra   Carne molida
- 6 cucharadas de arroz
- 1 cucharadita de pimentón
- 1 cucharadita de ajedrea seca
- Sal pimienta
- 2 Cubitos de caldo de res
- ½ Manojo de cebollas verdes; rebanado
- 1 Pimiento verde; Cortado
- 2 Zanahorias, peladas, en rodajas finas

- 3 Tomates; pelado y picado
- 1 Sm. chiles amarillos, partidos
- ½ Manojo de perejil; picado
- 1 Huevo
- 1 Limón (solo jugo)

a) Combine carne, arroz, pimentón y ajedrea. Sazone al gusto con sal y pimienta.

b) Forme bolas de 1 pulgada, luego enrolle en harina.

c) Combine agua, cubos de caldo, 1 cucharada de sal, 1 cucharadita de pimienta, cebollas verdes, pimiento verde, zanahorias y tomates en una olla grande.

d) Tape, deje hervir, reduzca el fuego y cocine a fuego lento durante 30 minutos. Agregue las albóndigas, tape y deje hervir nuevamente. Agregue de 1 a 2 cucharadas de sopa caliente a la mezcla de huevo, luego agregue la mezcla de huevo a la sopa.

e) Caliente y revuelva hasta que la sopa espese un poco, pero no deje que hierva.

67. Sopa de escarola con albóndigas

Ingrediente

Albóndigas-

- ¼ libras   Carne molida
- 1 cucharada de queso parmesano rallado
- ½ rebanada de pan blanco, remojado en leche
- 1   Yema
- ¼ de cucharadita de sal
- ⅛ cucharadita de pimienta blanca
- 1 cucharadita italiana fresca picada

- Perejil

Sopa:

- 4 tazas de caldo de pollo
- 1 Cabeza de escarola, lavada y
- Cortar en trozos de 1/2 pulgada
- 1 pequeño Cebolla picada
- $\frac{3}{4}$ taza Pastina
- 2 Huevos
- 2 cucharadas de queso parmesano rallado

a) Mezclar todos los ingredientes en un bol. Tome una cucharada a la vez y forme bolas de aproximadamente 1 pulgada de diámetro.

b) Pon a hervir el caldo de pollo. Agrega la escarola, la cebolla y las albóndigas y cocina por 3 minutos. Agrega la pastina.

c) En un tazón, mezcle los huevos, la sal y el queso. Reduzca el fuego de la sopa y agregue rápidamente la mezcla de huevo.

ENSALADA DE ALBÓNDIGO

68. Albóndigas danesas con ensalada de pepino

Ingrediente

- 1½ libras de ternera molida y cerdo
- 1 Cebolla
- 2 cucharadas   Harina
- 2 cucharadas   Migas de pan; seco
- 2 Huevos
- Sal pimienta

Para ensalada de pepino

- 1 Pepino

- 2 tazas de vinagre
- 2 tazas de azúcar
- 2 tazas de agua
- Sal pimienta

a) Coloque la ternera y el cerdo molidos en un bol, agregue el huevo, la harina y el pan rallado seco.

b) Mezclar y mezclar en cebolla finamente picada. Agregue sal y pimienta al gusto. Pon la mantequilla en una sartén caliente.

c) Freír las albóndigas. Sirva con pan integral danés y mantequilla y ensalada de pepino.

69. Ensalada de albóndigas oriental

Ingrediente

- ½ taza de leche
- 2 Huevos
- 3 tazas de pan rallado blando
- 1 cucharadita de sal de cebolla
- 1 libra   Carne molida
- 2 cucharaditas de aceite de maní
- 8¼ onzas Trozos de piña

- 2 Pimientos verdes, 2 zanahorias 2 tallos de apio
- ½ taza de azúcar morena, empacada
- 2 cucharadas de almidón de maíz
- ½ taza de vino blanco seco, ½ taza de vinagre
- 2 cucharadas de salsa de soja
- 2 tomates, lechuga picada y rallada

a) Combine los huevos y la leche, agregue el pan rallado, la sal de cebolla y ⅛ de cucharadita de pimienta. Agregue la carne molida y mezcle bien. Forme albóndigas con la mezcla. Cocina las albóndigas.

b) Combine trozos de piña, pimiento verde, zanahoria, apio y albóndigas; dejar de lado.

c) En una cacerola pequeña combine el azúcar morena y la maicena; agregue ¾ de taza de líquido de piña, vino, vinagre y salsa de soja. Cocine y revuelva hasta que espese y se formen burbujas. Vierta la mezcla caliente sobre la mezcla de albóndigas.

70. Albóndigas de chile tex-mex

Ingrediente

- 3 cucharadas de aceite vegetal
- 1 cebolla pequeña, cortada en cubitos, aproximadamente 1/2 taza
- 1 libra   Carne de res molida
- 1 huevo grande
- 1¾ taza de pan rallado fresco
- ⅓ taza de Monterey Jack Triturado
- 1 pimiento rojo y 1 pimiento verde
- ⅓ taza de queso cheddar

- ¾ cucharadita de sal
- 6 tortillas de maíz
- 1 salsa de tomate picante
- 1 mediano Cebolla, cortada en cubitos
- 1 diente de ajo grande, triturado
- 2 grandes Tomates maduros, cortados en cubitos
- ½ cucharadita de salsa de pimiento rojo picante

a) En una sartén de 12 ", a fuego medio alto, caliente 1 cucharada de aceite vegetal; agregue la cebolla y el chile en polvo.

b) Retire a un tazón grande, agregue la carne de res, el huevo, los chiles, el pan rallado, 1 cucharada. de cada uno de los quesos y la sal. Forme bolas de 1¼ "con la mezcla.

c) En una sartén a fuego medio-alto, cocine hasta que estén bien dorados por todos lados y bien cocidos.

d) Mientras tanto, coloque los chips de tortilla en una sola capa en un molde para panecillos; hornee por 10 minutos hasta que estén crujientes y dorados.

e) Prepare salsa de tomate picante.

71. Bolas de ensalada de pollo

Ingrediente

- 1 taza de pollo picado
- 1 cucharada de cebolla picada
- 2 cucharadas de pimientos; Cortado
- ½ taza de mayonesa
- 1 taza de nueces picadas

a) Revuelva todo junto y mezcle bien. Deje enfriar 4 horas.

b) Forme una bola de 1 pulgada.

ALBÓNDIGAS ENVUELTAS Y RELLENAS

72. Albóndigas envueltas en tocino

Ingrediente

- ½ libras   Carne molida
- ¼ de taza Agua fría
- 2 cucharaditas   Cebollas picadas
- ½ cucharadita   Sal
- ¼ de cucharadita Pimienta sazonada

- 4 rodajas Tocino; cortado por la mitad crosswis

a) Combine los primeros 5 ingredientes, mezclando bien; forma 8 albóndigas. Enrolle los trozos de tocino sobre las albóndigas y asegúrelos con palillos de dientes.

b) saltee a fuego medio hasta que el tocino esté crujiente y dorado; drenar la grasa. Si las albóndigas no están listas, cubra y cocine a fuego lento durante 5 a 7 minutos más.

73. Pavo y relleno de albóndigas

Ingrediente

- ½ taza   Leche
- 1   Huevo
- 1 taza   Mezcla de relleno de pan de maíz
- ¼ de taza Apio finamente picado
- 1 cucharadita   Mostaza seca
- 1 libra   Pavo molido
- 1   Lata de 16 oz de salsa de arándanos en gelatina

- 1 cucharada   azúcar morena
- 1 cucharada   Salsa inglesa

a) Caliente el horno a 375 grados F. En un tazón grande, combine la leche y el huevo; Golpea bien.

b) Agrega la mezcla de relleno, el apio y la mostaza; Mezclar bien. Agrega el pavo; mezclar bien.

c) Forme 48 bolitas (de 1 pulgada). Coloque en un molde para hornear sin engrasar de 15x10x1 pulgadas.

d) Hornee a 375 grados durante 20 a 25 minutos o hasta que las albóndigas estén doradas y ya no estén rosadas en el centro.

e) Mientras tanto, en una cacerola grande combine todos los ingredientes de la salsa; mezclar bien. Llevar a ebullición a temperatura media. Reduzca el fuego a bajo; cocine a fuego lento durante 5 minutos, revolviendo ocasionalmente. Agrega las albóndigas a la salsa; revuelva suavemente para cubrir.

74. Albóndigas rellenas de queso

Ingrediente

- 1 cucharada   Aceite de oliva
- 2 cucharadas   Cebolla picada
- 8 onzas   Carne molida magra o pavo
- 1 cucharada   Salsa de soja
- $\frac{1}{4}$ de cucharadita Salvia seca
- 4 onzas   Queso cheddar o suizo; cortar en 8 cubos

a) Precaliente el horno a 325F.

b) Engrase una bandeja para hornear poco profunda con un poco de aceite de oliva o spray para sartén.

c) Calentar el aceite en una sartén a fuego moderado hasta que esté caliente pero no humeante. Agregue la cebolla y saltee hasta que se dore, aproximadamente 10 minutos.

d) Combine la cebolla, la carne, la salsa de soja y la salvia. Divida la mezcla en ocho porciones. Toma un trozo de queso y cúbrelo con una porción de la mezcla para formar una albóndiga. Repita para formar un total de ocho albóndigas.

e) Coloca las albóndigas en la sartén engrasada y hornea por 30 minutos.

75. Albóndigas rellenas de aceitunas

Ingrediente

- 1 cucharada de mantequilla
- 1 taza de cebolla picada
- 2 pequeños   Dientes de ajo picados
- 1¼ libras de carne molida
- ½ taza de pan rallado suave
- ½ taza de perejil picado fino
- 1 huevo grande y 1 taza de crema espesa
- 16 pequeños   Aceitunas verdes rellenas

- ¼ de taza de aceite de maní
- 3 cucharadas de harina
- ½ taza de vino blanco seco y 1½ taza de caldo de pollo
- 1 cucharada de pasta de tomate
- 1 cucharada de mostaza de Dijon

a) Cocine la cebolla y el ajo. Poner la carne en un bol y añadir la cebolla y el ajo cocidos, el pan rallado, el perejil, el huevo, la mitad de la nata y la nuez moscada. Mezclar bien. Dividir en 16 porciones iguales.

b) Prepare las bolas mientras sella la aceituna.

c) Cocine, dándoles vuelta con frecuencia para que se doren uniformemente, unos 5-10 min.

d) Agregue la harina y luego agregue el vino. Cocine alrededor de 1 min., Revolviendo. Agrega las albóndigas.

e) Incorpora la nata restante y la mostaza a la salsa.

76. Albóndigas rellenas mediterráneas

Ingrediente

- 1 berenjena grande, pelada y en cubos
- 4 Tomates, pelados y picados
- 4 cucharadas de perejil fresco
- Sal y pimienta
- Ajos, cebollas y pimientos
- Tomillo y nuez moscada
- ½ taza de caldo de pollo
- 1½ libras de carne molida

- 2 rebanadas de pan
- ⅓ taza de queso parmesano
- 1 huevo
- Brócoli, Coliflor, Calabacín
- Espaguetis u otra pasta

a) Preparar la salsa: sofreír el ajo en aceite de oliva. Agregue la cebolla y continúe salteando.

b) Agregue pimientos verdes, calabacín, berenjena y tomates. Continúe cocinando; luego agregue el perejil, la sal y la pimienta, el tomillo y el caldo de pollo.

c) Agregue la mantequilla derretida, sal y pimienta y reserve.

d) Haga bolas y presione una verdura blanqueada en el centro de cada bola.

e) Sumerja las bolas en el huevo y luego en el pan rallado y fríalas durante 6 a 8 minutos hasta que estén doradas.

PASTA Y ALBÓNDIGAS

77. Cazuela de espaguetis y albóndigas

Ingrediente

- 7 onzas   Paquete de espaguetis crudos
- 1 taza   Agua
- 28 onzas Tarro de salsa de espagueti
- 12 Albóndigas precocidas congeladas
- 2 cucharadas   Parmesano rallado
- 2 cucharadas   Perejil finamente picado

a) Engrasa una fuente para hornear de 12x8 pulgadas (2 cuartos de galón). En un plato engrasado, combine los espaguetis, el agua y la salsa para espaguetis; mezclar bien. Agrega las albóndigas.

b) Caliente el horno a 350 grados. Hornee, tapado, durante 45 minutos.

c) Destape la fuente para hornear; espolvorear con queso. Hornee, sin tapar, de 5 a 10 minutos más o hasta que la cazuela haga burbujas y el queso se derrita. Espolvorea con perejil.

78. Espaguetis con albóndigas vegetarianas

Ingrediente

- 3 Cebolla

- ½ libras Champiñones - en rodajas

- 4 cucharadas   Aceite de oliva

- 1 lata de tomates

- 1 lata de pasta de tomate

- 1 Tallo de apio picado

- 3 Zanahorias, ralladas

- 6 cucharadas   Manteca
- 3 Huevos batidos
- 1½ taza de harina de matzá
- 2 tazas de guisantes cocidos
- 1 cucharadita de sal y ¼ de cucharadita de pimienta
- 1 libra   Espaguetis cocidos
- Queso suizo rallado

a) Cocine las cebollas picadas y los champiñones en el aceite durante 10 minutos. Agrega los tomates, la pasta de tomate y el orégano. Tape y cocine a fuego lento 1 hora. Condimento correcto.

b) Cuece la cebolla picada, el apio y la zanahoria en la mitad de la mantequilla durante 15 minutos. Fresco. Agregue los huevos, 1 taza de harina de matzá, los guisantes, la sal y la pimienta.

c) Enrolle en bolas pequeñas y sumérjalas en la harina de matzá restante.

79. Rigatoni y albóndigas al horno

Ingrediente

- 3½ taza de pasta rigatoni
- 1⅓ taza de queso mozzarella, rallado
- 3 cucharadas de queso parmesano recién rallado
- 1 libra   Para las albóndigas se puede utilizar pollo de pavo molido magro o carne de res

a) Albóndigas: En un tazón, bata el huevo ligeramente; mezcle la cebolla, las migas, el ajo, el parmesano, el orégano, la sal y la pimienta. Incorpora el pavo. Forme bolas con cucharadas colmadas.

b) En una sartén grande, caliente el aceite a fuego medio-alto; cocine las albóndigas, en tandas si es necesario, durante 8-10 minutos o hasta que estén doradas por todos lados.

c) Agrega la cebolla, el ajo, los champiñones, el pimiento verde, la albahaca, el azúcar, el orégano, la sal, la pimienta y 2 cucharadas de agua a la sartén; cocine a fuego medio, revolviendo ocasionalmente, durante unos 10 minutos o hasta que las verduras se ablanden. Agregue los tomates y la pasta de tomate; Hervirlo. Agrega albóndigas

d) Mientras tanto, en una olla grande con agua hirviendo con sal, cocine el rigatoni y transfiéralo a una fuente para hornear de 11x7 pulgadas o una cazuela para horno poco profunda de 8 tazas.

e) Espolvoree la mozzarella y luego el parmesano uniformemente por encima. Hornear

80. Penne al horno con albóndigas de pavo

Ingrediente

- 1 libra   Pavo molido
- 1 diente de ajo grande; picado
- ¾ taza de pan rallado
- ½ taza de cebolla finamente picada
- 3 cucharadas de piñones; tostado
- ½ taza de hojas frescas de perejil picadas
- 1 huevo grande; golpeado ligeramente
- 1 cucharadita de sal
- 1 cucharadita de pimienta negra

- 4 cucharadas de aceite de oliva
- 1 libra   Pasta
- 1½ taza de queso mozzarella rallado grueso
- 1 taza de queso romano recién rallado
- 6 tazas de salsa de tomate
- 1 contenedor; (15 oz) de queso ricotta

a) En un tazón, mezcle bien el pavo, el ajo, el pan rallado, la cebolla, los piñones, el perejil, el huevo, la sal y la pimienta y forme albóndigas y cocine.

b) cocinar pasta

c) En un tazón pequeño, mezcle la mozzarella y el Romano. Vierta aproximadamente 1½ tazas de salsa de tomate y la mitad de las albóndigas en el plato preparado y coloque la mitad de la pasta encima.

d) Unte la mitad de la salsa restante y la mitad de la mezcla de queso sobre la pasta. Cubra con las albóndigas restantes y coloque cucharadas de ricotta sobre las albóndigas. Hornee la penne en el medio del horno de 30 a 35 minutos.

81. Albóndigas y pasta picante con queso

Ingrediente

- 1 libra   Carne molida
- 1 taza de pan rallado fresco
- ¾ taza de salsa picante
- ¼ de taza de cebolla picada
- 2 cucharadas   Perejil picado
- 1   Huevo
- 1 cucharadita de sal
- 2 cucharaditas de comino molido

- 15 onzas de salsa de tomate
- ½ libras   Velvetta, en cubos
- 1½ cucharadita de chile en polvo
- 1 cucharadita de cilantro molido
- 1 libra   Pasta de cabello de ángel; cocido
- ⅓ taza de cilantro fresco, picado

a) Combine la carne de res, el pan rallado, ¼ de taza de salsa picante, la cebolla, el perejil, el huevo, la sal y ½ cucharadita de comino; mezclar bien.

b) Forme bolas de 1 ". Coloque las albóndigas en un molde para rollos de gelatina de 15x10". Hornee a 350 ~ durante 15 minutos. Escurre la grasa.

c) Combine la salsa de tomate, la ½ taza de salsa picante restante, la velvetta, el chile en polvo, el comino restante y el cilantro en una cacerola grande.

d) Cocine a fuego lento, revolviendo con frecuencia hasta que el queso se derrita. Agrega las albóndigas; cocine a fuego lento hasta que esté completamente caliente. Vierta sobre la pasta; espolvoree con cilantro, si lo desea.

82. Albóndigas y macarrones de atajo

Ingrediente

- 1   Cebolla finamente cortada
- 1 taza   Apio en cubitos
- 2   Zanahorias; corta como quieras, hasta 3
- 2 cucharadas   Pure de tomate
- 3 tazas   Agua
- Sal
- Pimienta

- Hoja de laurel
- 2 cucharadas   Petróleo; hasta 3
- 1 libra   Carne picada; (lo mejor es pavo)
- 1 tajada   Chala empapado; escurrido y aplastado
- 3   Huevos
- Algo de harina

a) Salsa: en una olla grande calentar el aceite, agregar la cebolla, el apio, las zanahorias, el puré de tomate, el agua y las especias y cocinar a fuego lento. Mientras tanto, prepara las albóndigas.

b) Albóndigas: Combine y forme albóndigas alrededor de 12-14. Enrolle la harina y vierta la salsa hirviendo. Cocine durante 40 minutos a fuego lento. Asegúrate de tener suficientes líquidos, los necesitarás para los macarrones.

c) Hierva 250-400 ($\frac{1}{2}$-$\frac{2}{3}$ libra) de macarrones de corte corto durante $\frac{2}{3}$ del tiempo recomendado. Hornee por 20-30 hasta que esté caliente

83. Albóndigas y salsa de espagueti

Ingrediente

- taza - Albóndigas -
- ¼ de cucharadita Sal
- ¼ de cucharadita Pimienta negro
- ½ taza Queso parmesano rallado
- 1 libra Carne molida magra, o
- Pollo Molido, o
- Salsa de pavo molida para espagueti -

- 1 libra   Carne de res molida
- 1 cucharada   Aceite de oliva
- 2 Cebollas picadas
- 4 Dientes de ajo machacados o
- 2 Ajo molido
- 14 onzas Lata de salsa de tomate
- ½ taza   Vino tinto (opcional)
- 1 Pimiento verde dulce
- 1 cucharadita   Albahaca de hoja seca
- ½ cucharadita   Orégano de hoja

a) Forme la carne en albóndigas de 1 pulgada. Agréguelo a la salsa de espagueti para cocinar.

b) Caliente el aceite en una cacerola grande a fuego medio. Agrega la cebolla y el ajo. sofríe durante 2 min. Agrega los ingredientes restantes. Cubra y deje hervir, revolviendo con frecuencia.

c) Luego, reduzca el fuego y cocine a fuego lento, revolviendo con frecuencia durante al menos 15 minutos.

84. Albóndigas en salsa picante

Ingrediente

- ¾ cucharada de maicena
- ½ cucharadita de azúcar
- ⅛ cucharadita de bicarbonato de sodio
- ⅛ cucharadita de pimienta negra
- ¼ de cucharadita de salsa de soja; Bajo en sodio
- 1 cucharada de vino blanco seco
- 1½ cucharadita de salsa de ostras
- 2 cucharadas de cebolla picada
- ½ libras   Pechuga de pavo molida

- 2 cucharadas de pasta de chile
- 2 cucharadas de salsa de ostras
- 2 cucharadas de salsa de tomate
- 4 onzas   Fideos Somen
- 2 Cebollas verdes; Cortado
- 6 gotas de aceite de sésamo

a) En un tazón grande, mezcle la maicena, el azúcar, el bicarbonato de sodio, la pimienta negra, la salsa de soja, el vino, la salsa de ostras, el agua fría y la cebolla. Agrega el pavo molido.

b) En un tazón pequeño, mezcle todos los ingredientes de la salsa. Caliente un wok antiadherente a temperatura alta durante 30 segundos. Agregue los ingredientes de la salsa y deje hervir. Reduzca el fuego a medio y agregue las albóndigas. Tape y cocine por 3-4 minutos.

c) Mientras tanto, cocine los fideos Somen de acuerdo con las instrucciones del paquete. Escurrir y poner en un bol. Espolvorea con aceite de sésamo y semillas de sésamo. Agregue las cebollas verdes y mezcle bien.

85. Albóndigas con fideos en yogur

Ingrediente

- 2 libras   Carne molida

- Una pizca de pimienta de cayena, cúrcuma, cilantro y canela

- Sal y pimienta negra

- 2 Dientes de ajo

- 1 cucharada de aceite vegetal

- 1   Cebolla española
- 6 grandes Tomates ciruela maduros - corazón,
- 4   Tomates secados al sol
- Fideos

a)   En un tazón, combine la carne, la canela, el cilantro, la cúrcuma, la cayena, la sal, la pimienta y la mitad del ajo. Con las manos limpias, mezcle bien y luego dé forma a la carne en albóndigas de $\frac{3}{4}$ de pulgada. Déjalos a un lado.

b)   En una cazuela grande, caliente el aceite, agregue la cebolla y agregue las albóndigas. Cocine, dándoles la vuelta con frecuencia.

c)   Agregue los tomates pera y el ajo restante. Agregue los tomates secados al sol, la sal y la pimienta y cocine la mezcla durante 5 minutos a fuego lento, revolviendo una o dos veces.

d)   Para los fideos: Ponga a hervir una cacerola grande con agua. Agrega los fideos y cocina.

e)   Agregue el yogur, el ajo y la sal. Mezcle bien y transfiera a 6 tazones anchos.

86. Stracciatelle con albóndigas

Ingrediente

- 1 cuarto   Caldo de pollo
- 2 tazas   Agua
- ½ taza   Pastina
- 1 cucharadita   Perejil fresco picado
- ½ libras   Carne de res molida
- 1   Huevo
- 2 cucharaditas   Pan rallado aromatizado

- 1 cucharadita   Queso rallado
- 1   Zanahoria, en rodajas finas
- ½ libras   Espinacas, solo las frondosas
- Parte en juliana
- 2 cucharaditas   Perejil fresco picado
- 1 pequeño Cebolla, picada
- 2   Huevos
- Queso rallado

a) En una olla para sopa, combine los ingredientes de la sopa y déjela hervir. Mezcle los ingredientes de la carne en un tazón, muchas albóndigas pequeñas y colóquelas en la mezcla de caldo hirviendo.

b) En un tazón pequeño, bata 2 huevos. Con una cuchara de madera, revuelva la sopa mientras agrega lentamente los huevos, revolviendo constantemente. Retírelo del calor. Cubra y deje reposar durante 2 minutos.

c) Sirve con queso rallado.

87. Buñuelos de mozzarella y espaguetis

Ingrediente

- 2 Dientes de ajo
- 1 pequeño Perejil fresco bunc
- 3 Cebollas para ensalada; en rodajas finas
- 225 gramos de carne magra de cerdo picada
- 2 cucharadas de queso parmesano recién rallado
- 1 cucharada de aceite de oliva
- 150 gramos de espaguetis o tallarines
- 100 mililitros Caldo de res caliente

- 1   400 gramos de tomates picados en lata
- 1 pizca de azúcar y 1 pizca de salsa de soja
- Sal y pimienta
- 1 huevo
- 1 cucharada de aceite de oliva
- 75 mililitros de leche
- 50 gramos de harina común
- 150 gramos de mozzarella ahumada
- Aceite de girasol; para freír
- 1 limón

a) Machacar el ajo y picar finamente el perejil. Mezcle la carne picada, la cebolla para ensalada, el ajo, el parmesano, el perejil y mucha sal y pimienta.

b) Forme ocho bolas firmes.

c) Cocine las albóndigas hasta que estén bien doradas. Vierta el caldo.

d) Cocine la pasta en una olla grande con agua hirviendo con sal.

88. Sopa de albóndigas y ravioles

Ingrediente

- 1 cucharada de aceite de oliva o aceite de ensalada
- 1 cebolla grande; picado muy fino
- 1 Diente de ajo; picado
- 28 onzas de tomates enlatados; Cortado

- ¼ taza de pasta de tomate
- 13¾ onzas de caldo de res
- ½ taza de vino tinto seco
- Pizca de albahaca seca, tomillo y orégano
- 12 onzas de ravioles; relleno de queso
- ¼ de taza de perejil; Cortado
- Queso parmesano; rallado
- 1 huevo
- ¼ de taza de pan rallado blando
- ¾ cucharadita de sal de cebolla
- 1 diente de ajo; picado
- 1 libra   Carne de res molida

a) Dore las albóndigas con cuidado en aceite caliente.

b) Mezcle la cebolla y el ajo y cocine unos 5 minutos, teniendo cuidado de no romper las albóndigas. Agregue los tomates y su líquido, pasta de tomate, caldo, vino, agua, azúcar, albahaca, tomillo y orégano. Agregar ravioles

89. Linguini con rape

Ingrediente

- 4 cucharadas   aceite de oliva virgen
- 1 mediano Cebolla roja; picado muy fino
- 1 pequeño Calabacín; cortar palitos de fósforo de 1/4 "
- 2 cucharadas   Hojas frescas de tomillo
- ½ libras   Filete de rape fresco
- 1½ taza   Salsa de tomate básica
- 1 taza de vino blanco seco
- Sal; probar

- Pimienta negra recién molida; probar
- 8 onzas   Linguini
- ¼ taza de perejil italiano finamente picado

a) En una sartén de 12 pulgadas, caliente el aceite a fuego moderado. Agregue la cebolla, el calabacín y las hojas de tomillo y saltee hasta que estén ligeramente dorados y muy suaves.

b) Cortar el rape en cubos de ¾ de pulgada y sazonar con sal y pimienta. Agregue el rape a la sartén y revuelva hasta que esté cocido y comience a blanquear (aproximadamente 1 minuto).

c) Agregue la salsa de tomate básica y el vino blanco y deje hervir. Baje el fuego y cocine a fuego lento durante 10 minutos. Deje caer los linguini en agua hirviendo y cocine de acuerdo con las instrucciones del paquete :. Escurre la pasta en un colador sobre el fregadero y mézclala en la sartén con el rape. Agregue el perejil y revuelva a fuego medio hasta que esté cocido. Vierta en un tazón para servir tibio y sirva inmediatamente.

ALBÓNDIGAS VEGANAS

90. Bolas de tofu

Ingrediente

- 6 tazas de agua; hirviendo
- 5 tazas de tofu; derrumbado
- 1 taza de pan rallado integral
- ¼ taza de Tamari
- ¼ taza de levadura nutricional
- ¼ de taza de mantequilla de maní
- Sustituto de huevo para 1 huevo

- ½ taza de cebolla; picado muy fino
- 4 Dientes de ajo; presionado
- 1 cucharadita de tomillo
- 1 cucharadita de albahaca
- ¼ de cucharadita de semillas de apio
- ¼ de cucharadita de clavo; suelo

a) Deje caer todo menos 1 taza del tofu desmenuzado en el agua hirviendo. Presione el tofu.

b) Agregue los ingredientes restantes al tofu prensado y mezcle bien.

c) Forme bolas del tamaño de una nuez con la mezcla y colóquelas en una bandeja para hornear bien engrasada.

d) Hornee a 350 grados durante 20-25 minutos o hasta que las bolas estén firmes y doradas. Darles la vuelta una vez durante la cocción si es necesario.

91. Pasta vegana de albóndigas en una olla

Ingredientes

- 250g / 9oz de cogollos de coliflor, cocidos
- 200 g / 7 oz de espinaca picada congelada, descongelada
- 400g de frijoles negros en lata, escurridos

- 2 dientes de ajo machacados o rallados
- 2 cucharaditas de salsa de soja
- 1 cucharadita de hierbas secas mezcladas
- 150g / 5½ oz de avena
- salsa

Método

a) Cuece los floretes de coliflor en una olla con agua hirviendo.

b) Ralle la coliflor en un tazón y luego agregue las espinacas, los frijoles, el ajo, la salsa de soja y las hierbas mezcladas. Trabaje la mezcla junto con un machacador de papas para formar una pasta rugosa.

c) Mezcle la avena hasta obtener un polvo fino, luego agréguela al tazón y mezcle para combinar. Enrolle la mezcla en bolas.

d) Freír las bolas de verduras en tandas hasta que estén doradas. Vierta la salsa en la sartén y luego coloque la pasta seca encima. Hornear

92. Albóndigas veganas al horno

ingredientes

- 1 cucharada de semillas de lino molidas
- 1/4 taza + 3 cucharadas de caldo de verduras
- 1 cebolla grande, pelada y cortada en cuartos
- 2 dientes de ajo pelados
- 12 oz (0,75 lb) / 340 gramos de carne de planta Impossible Burger
- 1 taza de pan rallado
- 1/2 taza de queso parmesano vegano

- 2 cucharadas de perejil fresco, finamente picado
- Sal y pimienta para probar
- Aceite en aerosol para cocinar (si se cocina en la estufa)

Direcciones:

α) Agregue la cebolla y el ajo a un procesador de alimentos y mezcle hasta obtener un puré.

β) En un tazón grande para mezclar, agregue huevo de lino, 1/4 taza de caldo de verduras, puré de cebolla y ajo, carne de la planta Impossible Burger, pan rallado, queso parmesano vegano, perejil y una pizca de sal y pimienta. Mezclar bien para combinar.

χ) Forma 32 bolas con la mezcla de albóndigas veganas.

δ) Coloque las albóndigas veganas en la bandeja para hornear forrada y hornee en el horno durante unos 10 minutos, o hasta que estén doradas.

93. Albóndigas sin carne

Ingredientes

- 1 cucharada de aceite de oliva
- 1 libra de champiñones blancos frescos
- 1 pizca de sal
- 1 cucharada de mantequilla
- ½ taza de cebolla finamente picada
- 4 dientes de ajo picados
- ½ taza de avena de cocción rápida
- 1 onza de Parmigiano muy finamente rallado
- ½ taza de pan rallado
- ¼ taza de perejil de hoja plana (italiano) picado
- 2 huevos, divididos

- 1 cucharadita de sal
- pimienta negra recién molida al gusto
- 1 pizca de pimienta de cayena, o al gusto
- 1 pizca de orégano seco
- 3 tazas de salsa para pasta
- 1 cucharada de Parmigiano muy finamente rallado
- 1 cucharada de perejil de hoja plana (italiano) picado, o al gusto

Direcciones

a) Caliente el aceite de oliva en una sartén a fuego medio-alto. Agregue los champiñones al aceite caliente, espolvoree con sal y cocine y revuelva hasta que el líquido de los champiñones se haya evaporado.

b) Agregue la mantequilla a los champiñones, reduzca el fuego a medio y cocine y revuelva los champiñones hasta que estén dorados, aproximadamente 5 minutos.

94. Albóndigas Vegetarianas

Ingredientes

- 1 taza de lentejas secas (o 2 1/2 tazas cocidas)
- 1/4 taza de aceite de oliva
- 1 cebolla pequeña, aproximadamente 1 taza picada
- 8 oz de champiñones cremini
- 3 dientes de ajo picados

- 1 1/2 taza de pan rallado Panko
- Una pizca de condimento italiano y cayena
- 2 1/2 cucharaditas de sal, cantidad dividida
- 2 huevos
- 1 taza de queso parmesano

Método

a) En un tazón grande, mezcle las mitades de tomate junto con 1 cucharadita de condimento italiano, 1 cucharadita de sal y 1/4 taza de aceite de oliva.

b) Pulsa los champiñones en un procesador de alimentos hasta que tengan el tamaño de un guisante.

c) Cuando el aceite esté caliente, agregue la cebolla y saltee durante unos 3 minutos, hasta que esté transparente. Agrega el ajo y las setas pulsadas y sofríe.

d) En un tazón grande, combine la mezcla de lentejas y champiñones junto con el pan rallado panko y las especias. Forma bolas y hornea.

95. Albóndigas De Orégano Y Limón

Ingredientes

- 1 cucharada de semillas de lino molidas
- 1 cucharada de aceite de oliva, más extra
- 1 cebolla amarilla pequeña y 3 dientes de ajo
- 1 pizca de orégano, cebolla en polvo, tamari
- ½ cucharadita de chiles molidos
- sal marina y pimienta negra molida, al gusto
- 1 ½ cucharada de jugo y ralladura de limón
- 1 taza de nueces en mitades

- ¾ taza de copos de avena
- 1 ½ tazas de frijoles blancos cocidos
- ¼ de taza de perejil fresco y ¼ de taza de eneldo fresco

Direcciones:

a) En un tazón pequeño, combine la linaza molida y el agua. Sofreír las cebollas y agregar el ajo y el orégano.

b) Agregue la levadura nutricional, el chile, la cebolla en polvo, la sal y la pimienta a la sartén y revuelva durante unos 30 segundos. Vierta su jugo de limón.

c) Pulse las nueces, los frijoles y la avena hasta que tenga una comida gruesa. Agregue la mezcla de gel de lino, la mezcla de cebolla y ajo salteados, tamari, ralladura de limón, perejil, eneldo y grandes pizcas de sal y pimienta.

d) Enróllelo en una bola y hornee las albóndigas durante 25 minutos.

96. Albóndigas De Lentejas

Ingredientes

- 1 cebolla amarilla finamente picada
- 1 zanahoria grande pelada y cortada en cubitos
- 4 dientes de ajo picados
- 2 tazas de lentejas verdes cocidas (aproximadamente 3/4 taza secas) o 2 tazas enlatadas
- 2 cucharadas de pasta de tomate
- 1 cucharadita de orégano
- 1 cucharadita de albahaca seca

- 1/4 taza de levadura nutricional
- 1 cucharadita de sal marina
- 1 taza de semillas de calabaza

Direcciones

a) Forma una bola
b) Hornear

97. Imitación Ikea Veggie Balls

Ingredientes

- 1 lata de garbanzos (enlatados) 400 g / 14 oz
- 1 taza de espinaca congelada
- 3 zanahorias (medianas)
- ½ pimiento morrón
- ½ taza de maíz dulce (enlatado)
- 1 taza de guisantes (frescos, congelados o enlatados)
- 1 cebolla (mediana)
- 3 dientes de ajo

- 1 taza de harina de avena comience con ½ taza y ajuste según el contenido de humedad de la mezcla
- 1 cucharada de aceite de oliva
- Condimento

Direcciones:

a) Agregue todas las verduras a un procesador de alimentos y presione hasta que estén finamente picadas. Cocinero.

b) Ahora agregue las espinacas congeladas, pero descongeladas o frescas, la salvia seca y el perejil seco. Mezclar y cocinar por 1-2 minutos.

c) Agrega los garbanzos y el pulso enlatados hasta que se combinen.

d) Para hacer bolas de verduras, saque una bola como helado y luego termine de formarla con las manos.

e) Coloque las bolas en un papel pergamino o una bandeja para hornear. Hornéalos durante 20 minutos hasta que tengan una corteza crujiente.

98. Albóndigas De Quinua

INGREDIENTES

- 2 tazas de quinua cocida
- ¼ taza de queso parmesano rallado
- ¼ taza de queso asiago rallado
- ¼ taza de albahaca fresca picada
- 2 cucharadas de cilantro fresco, picado

- 1 cucharadita de orégano fresco picado
- ½ cucharadita de tomillo fresco
- 3 guantes de ajo pequeños, finamente picados
- 1 huevo grande
- 2 pizcas grandes de sal kosher
- ½ cucharadita de pimienta negra
- ¼ de taza de pan rallado sazonado italiano
- 1 pizca a ¼ de cucharadita de hojuelas de pimiento rojo triturado

Direcciones:

a) Mezcle todos los ingredientes en un tazón grande. Vierta un poco de aceite de oliva en la sartén precalentada.

b) Forme una albóndiga un poco más pequeña que una pelota de golf y coloque la albóndiga en la sartén comenzando por el centro. .

c) Hornee en una sartén o transfiéralo a una bandeja para hornear con borde y hornee en horno precalentado durante 25 minutos.

99. Albóndigas De Garbanzos picantes

Ingredientes

- 1 cucharada de harina de semillas de lino (semillas de lino molidas)
- Lata de 14 onzas de garbanzos, escurridos y enjuagados
- 1 1/2 tazas de farro cocido
- 1/4 taza de avena a la antigua
- 2 dientes de ajo, prensados

- 1 cucharadita de raíz de jengibre finamente rallada
- 1/2 cucharadita de sal
- 1 cucharada de aceite de ajonjolí picante
- 1 cucharada de sriracha

Direcciones:

a) Precaliente su horno a 400 grados Fahrenheit. Forre una bandeja para hornear con papel de aluminio y coloque la ayuda.

b) Combine la harina de semillas de lino con 3 cucharadas de agua; revuelva y deje reposar durante 5 minutos.

c) Coloque los garbanzos, el farro, la avena, el ajo, el jengibre, la sal, el aceite de sésamo y la sriracha en el recipiente de un procesador de alimentos grande o licuadora. Vierta la mezcla de lino en reposo ("huevo de lino") y presione hasta que los ingredientes se hayan combinado.

d) Enrolle la mezcla en bolas de una cucharada y hornee.

100. Albóndigas Veganas De Hongos

Ingredientes

- 1 cucharada de linaza molida
- 3 cucharadas de agua
- 4 onzas de hongos baby bella
- ½ taza de cebolla picada
- 1 cucharada de aceite de oliva dividida
- ¼ de cucharadita de sal
- 1 cucharada de salsa de soja
- 1 cucharada de condimento italiano
- 1 lata (15 onzas) de garbanzos escurridos
- 1 taza de pan rallado

- 1 cucharada de levadura nutricional
- 1 cucharadita de salsa Worcestershire

Direcciones:

a) Picar los champiñones y la cebolla en dados.

b) En una sartén mediana, caliente 1 cucharada de aceite de oliva a fuego medio-alto. Una vez caliente, agregue los champiñones y la cebolla y espolvoree con $\frac{1}{4}$ de cucharadita de sal. Saltee durante 5 minutos o hasta que los champiñones se ablanden.

c) Agregue la salsa de soja y el condimento italiano y cocine por un minuto más.

d) Combine los garbanzos, el huevo de lino, el pan rallado, la levadura nutricional, la salsa Worcestershire y la cebolla y los champiñones salteados en un procesador de alimentos con un accesorio de cuchilla estándar. Pulso hasta que se descomponga en su mayor parte. Deben existir algunos trozos pequeños de garbanzo o champiñón.

e) Use las manos limpias para enrollar la mezcla de albóndigas en 12 bolas del tamaño aproximado de ping pong.

f) Hornee durante 30 minutos en un horno a 350 grados.

CONCLUSIÓN

La mayoría de nosotros asociamos las albóndigas con los clásicos de la cocina italoamericana: salsa marinara cocida a fuego lento que recubre las bolas con olor a orégano, apiladas encima de los espaguetis. Pero las albóndigas también aparecen en la cocina de otras culturas, desde el Medio Oriente hasta el sudeste asiático. Después de todo, una albóndiga a menudo utiliza cortes de carne menos deseables, los que necesitan picado fino y una serie de complementos para disfrutarlos adecuadamente, por lo que los cocineros de todo el mundo se han dado cuenta de que son una forma ideal de utilizar trozos adicionales de carne dura. , paleta de cerdo grasosa.

Cualquiera que sea el sabor que esté deseando actualmente, probablemente se pueda adaptar a la fórmula de carne, pan, huevo y sal. De hecho, ni siquiera necesitas la carne para una albóndiga. ¡Tenemos una bola de verduras de la que estamos muy orgullosos!

Lightning Source UK Ltd.
Milton Keynes UK
UKHW021010240621
386072UK00001B/174